Jüdisches Museum Berlin

AF862904

GOLEM

KERBER CULTURE

DER GOLEM IN BERLIN

Der Golem hat eine lange Karriere hinter sich, im Judentum und weit über das Judentum hinaus. Sie beginnt in der Hebräischen Bibel und führt, mit immer neuen Transformationen, bis in unsere Gegenwart. Das Wort „Golem" (als Substantiv) findet sich nur einmal in der Bibel, und zwar in den Psalmen. Dort preist Adam Gott als seinen Schöpfer, der ihn im Schoß seiner Mutter, der Erde, gewoben hat. „Deine Augen", sagt er zu Gott, „sahen meinen Golem" (hebräisch *golmi*), meinen noch ungeformten und in seinen Gliedern noch nicht ausdifferenzierten Embryo, wie er in den dunklen Tiefen der Erde lag (Psalmen 139:16). Du hast dich schon um mich gekümmert und meiner angenommen, bevor ich noch ein fertiger Mensch war.

Dieser hochpoetische Psalm ruft uns in Erinnerung, was wir aus dem Schöpfungsbericht vom Anfang der Bibel wissen. Genau genommen gibt es dort zwei Schöpfungsberichte. Im ersten heißt es nur, dass Gott den Menschen nach seinem Abbild und als Mann und Frau erschuf (Genesis 1:26–28) – wie er ihn schuf, wird nicht erklärt. Dies wird im zweiten Schöpfungsbericht nachgeholt, wonach Gott Adam aus Erde formte und ihm dann den Lebensatem in seine Nase blies (Genesis 2:7); die Frau wurde erst später aus einer Rippe Adams „gebaut" (Genesis 2:22). Während der Schöpfungsbericht der Genesis also die beiden wesentlichen Elemente der Erschaffung Adams benennt – sein Körper entstammt der Erde, der Geist aber, der ihn erst zu einem lebendigen Wesen macht, kommt von Gott –, lässt der Psalm offen, wie dem noch in der Erde liegenden und aus Erde bestehenden Golem-Embryo das Leben eingehaucht wird. Genau dies sollte das Sprungbrett für die Ausbildung aller weiteren Golem-Legenden werden.

Den ersten menschlichen Versuch, einen Menschen zu erschaffen, überliefert der babylonische Talmud. Dort wird behauptet, dass ein vollkommen gerechter, d. h. sündenloser Rabbi nicht nur einen Menschen, sondern eine komplett neue Welt erschaffen könnte – nur leider erfüllt kein sterblicher Mensch diese Bedingung, und deswegen kann das Ganze nicht funktionieren. Ein Rabbi versuchte es trotzdem, und es gelang ihm tatsächlich, einen „Mann" zu erschaffen – doch konnte der nicht sprechen und erwies sich damit als eine Kreatur, der das Entscheidende fehlte: der Lebensatem. Ein Kollege des Rabbi entlarvte die Kreatur als magisches

Text Peter Schäfer
Biografie Peter Schäfer wurde zum 1. September 2014 zum neuen Direktor der Stiftung Jüdisches Museum Berlin berufen, nachdem er von 1998 bis 2013 als Perelman Professor of Jewish Studies und Professor of Religion an der Princeton University gelehrt hat. Er ist einer der international angesehensten Judaisten und Träger des Leibniz-Preises, des Mellon-Award, des Ruhr-Preises für Kunst und Wissenschaft, des Leopold Lucas-Preises sowie des Reuchlin-Preises.

Machwerk und verwandelte sie sogleich wieder in Staub. Zwei weitere Kollegen konnten es dennoch nicht lassen, aber auch ihr Versuch missglückte, denn statt eines Menschen gelang ihnen nur ein kleines Kälbchen – das sie dann aufaßen. Mit dieser ironischen Wendung will der Talmud alle menschlichen Allmachtsfantasien ad absurdum führen.

Trotz der Warnung des Talmud verfasste ein anonymer Autor dann aber ein „Buch der Schöpfung", das zum Handbuch für all jene werden sollte, die sich an weiteren Golem-Kreationen versuchten. Indem das „Buch der Schöpfung" die gesamte göttliche Schöpfung – des Kosmos wie auch des Menschen – auf die Zahlen von 1 bis 10 und die 22 Buchstaben des hebräischen Alphabets als den elementaren Bausteinen der Schöpfung zurückführte, lieferte es zum ersten Mal den Zauberschlüssel (im wahrsten Sinne des Wortes), mit dessen Hilfe aus dem Erdklumpen des Golem ein *lebendiger* Mensch werden konnte. Wer die zehn Zahlen und die 22 Buchstaben in der rechten Weise zu kombinieren versteht, kann eine neue Welt und eben auch einen neuen Menschen schaffen. Die Buchstaben des Tetragramms, des vierbuchstabigen Gottesnamens JHWH, spielen dabei eine besondere Rolle, denn sie gelten als die magisch potentesten Buchstaben des hebräischen Alphabets.

Damit sind weiteren Versuchen, einen Golem zu erschaffen, Tür und Tor geöffnet. Das Wissen um die Kombination und Permutation der Buchstaben und Zahlen wird zu einem magischen Geheimwissen, das nur in elitären mystischen Kreisen tradiert und angewendet werden darf. Es sollte bis zum Hohen Mittelalter dauern, bis die nächsten Versuche, einen Menschen zu erschaffen, gewagt wurden. Im 12. und 13. Jahrhundert formierten sich vor allem im Rheinland jüdische Zirkel, die sich die „Frommen von Aschkenas" nannten, Rabbiner, die überzeugt waren, dass sie genau jene Frömmigkeit und vollkommene Gerechtigkeit mitbrachten, deren Fehlen im Talmud beklagt wird. Von ihnen sind ebenso präzise wie endlose Tabellen der notwendigen Buchstaben- und Zahlenpermutationen überliefert, und von ihnen wissen wir, dass sie diese benutzten. Sie nahmen „jungfräuliche", d.h. unbearbeitete Erde, formten daraus einen Golem und sprachen dann über die noch unbelebte Figur die vorgeschriebenen Permutationen. Wenn sie diese in der richtigen Reihenfolge ausführten, wurde der Golem zum Leben erweckt und erhob sich aus der Erde. Aber dieser Golem war (noch) völlig zweckfrei, seine Erschaffung ein Ritual, das nur dazu diente, die Schöpfungsgewalt des jüdischen „Frommen" zu demonstrieren. Nachdem das gelungen war, wurde der Golem durch die Rezitation der Permutationen in umgekehrter Reihenfolge wieder in die Erde zurückbefördert.

Doch bei diesem zweckfreien Ritual sollte es nicht bleiben. Konnte man einmal einen lebendigen Menschen erschaffen, war die Versuchung groß, diesen auch für die konkreten Bedürfnisse der jüdischen Gemeinde einzuspannen. Und welcher Zweck könnte wichtiger sein, als diesen Golem zur Verteidigung der Juden vor Verfolgungen einzusetzen? Brachte er doch ideale Voraussetzungen dafür mit:

Er hatte keinen eigenen Willen, sondern gehorchte nur seinem Schöpfer, dem Rabbi. Er war groß und stark, und er war diskret, denn er konnte ursprünglich nicht sprechen. Vor allem aber konnte er nicht durch äußere Gewalt getötet werden – nur wenn der Rabbi den magischen Zauber aufhob, der ihn am Leben hielt, würde er wieder zu Staub zerfallen. Damit beginnt eine ganz neue Stufe in der Entwicklung der Golem-Überlieferung, die eine Flut von Legenden hervorbringen sollte. Erster Kristallisationspunkt dieser Legenden ist die Gestalt des Rabbi Judah Loew von Prag (gest. 1609), von dem wir bis heute nicht wissen, wie er zu dieser Ehre gekommen ist. Er soll der erste gewesen sein, der erfolgreich einen Golem zur Verteidigung der Prager Juden erschuf; durch ihn ist Prag bis heute ein Zentrum der Golem-Traditionen, um nicht zu sagen eines Golem-Kultes. Die Überreste dieses Golem, den Rabbi Judah Loew nach erfolgreicher Arbeit wieder zu Staub beförderte, sollen bis heute auf dem Dachboden der Altneu-Schul liegen.

Aber auch der Prager Golem war vor Missbrauch nicht gefeit: Wenn die Frau des frommen Rabbi ihn für so profane Zwecke wie die alltägliche Arbeit im Haushalt einsetzen will, kann dies nur gründlich schiefgehen. Ein direkter Ableger dieser Zweckentfremdung des Golem ist Goethes Zauberlehrling: Der von dem unerfahrenen Zauberlehrling in einen Wasserträger verwandelte Besenstiel kann nicht gestoppt werden und setzt das ganze Haus unter Wasser, bis endlich der Meister, der allein die richtige Formel kennt, dem Treiben ein Ende setzt.

Mit dem Prager Golem entwickeln sich fast explosionsartig vielfältige Ideen und Bilder zum Golem. Er erobert die Literatur, das Theater, die Musik, den Film, die Kunst, Comics und Kinderbücher. Im Judentum dominiert der Aspekt des Schutzes vor Verfolgungen – von der mittelalterlichen Blutbeschuldigung bis hin zur NS-Zeit. Aber auch die dunkle Seite des Golem ist präsent: Ein Golem kann außer Kontrolle geraten und Amok laufen. Wenn dies passiert, muss der ihn kontrollierende Rabbi ihn schnell wieder in Staub verwandeln (was manchmal dazu führt, dass der zu riesigen Dimensionen gewachsene Golem den armen Rabbi unter sich begräbt). Vor allem die Literatur der deutschen Romantik betont die dunkle und gefährliche Seite des Golem. Der Schrecken und die Angst, die der Golem verbreiten kann, ist das Leitmotiv der berühmten Golem-Filme von Paul Wegener von 1915, 1917 und 1920. Den Golem als Doppelgänger und Symbol für den ständigen menschlichen Konflikt zwischen Vernunft und Unvernunft, Verstand und Trieb, thematisiert der bis heute erfolgreiche Roman „Der Golem" von Gustav Meyrink (1915). Und auch die monströse Schöpfung des Frankenstein in Literatur, Film und Kunst basiert auf der Golem-Legende.

Eine zentrale Frage, um die viele Golem-Darstellungen kreisen, ist die, ob und in welchem Sinne der Golem als Mensch bezeichnet werden kann. Er lebt zwar, aber er hat keinen eigenen Willen und führt nur die Befehle seines Schöpfers aus. Manche Quellen zeugen von einer gelehrten Diskussion darüber, ob denn der Golem zu dem Quorum von zehn männlichen Gemeindemitgliedern (dem Minjan) gerechnet werden kann, das für die Durchführung eines regulären Gottesdienstes erforderlich ist. Wenn er ein Mensch ist, darf er dann von dem Rabbiner nach eigenem Gutdünken „getötet“ werden? Ist der Rabbi, wie Gott, Herrscher über Leben und Tod? Oder ist der Golem eben doch kein Mensch, sondern nur ein Klumpen Erde, dem für begrenzte Zeit und für einen begrenzten Zweck „Leben“ verliehen wurde? Aber auch der Golem kann sich diese Frage stellen: In manchen Erzählungen beginnt er, sich seiner selbst bewusst zu werden, will in die Schule gehen und lernen, ja verliebt sich sogar. Das heißt, der Golem wird immer mehr zu einem echten Menschen – und je weiter der Prozess dieser „Menschwerdung“ voranschreitet, desto weniger ist der Golem geneigt, den Befehlen seines Rabbi sklavisch zu folgen. Oft resultiert gerade daraus die destruktive Kraft des Golem, die nur noch schwer zu kontrollieren ist. Aber eines ist sicher: Der Golem ist grundsätzlich männlich. Erst Cynthia Ozick war es vorbehalten, in ihrer Erzählung „Puttermesser and Xanthippe“ einen weiblichen Golem zu erschaffen, der bzw. die sich zu einem männermordenden Monster entwickelt und ganz New York in den Ruin treibt.

Die Frage nach dem Menschsein des Golem führt unmittelbar zu Bezügen, die uns heute umtreiben: Klonen und Gentechnologie, Computer, künstliche Intelligenz, Robotik – alle diese ebenso aktuellen wie heiß umstrittenen Themenfelder können als die direkte Fortsetzung des uralten menschlichen Traumes gesehen werden, einen Golem zu erschaffen und damit die Schöpfermacht Gottes zu imitieren. Als Gershom Scholem, der große Erforscher der jüdischen Mystik, 1965 gebeten wurde, den Festvortrag zur Einweihung des israelischen Computers im Weizmann-Institut für Wissenschaften in Rehovot zu halten, schlug er vor – wie könnte es anders sein? –, diesen „Golem I“ zu nennen. Derselbe Scholem verfasste nicht nur den bis heute gültigen Beitrag zur Entstehung und Entwicklung der Golem-Legende, sondern machte sich auch über sich selbst in einem Schüttelreim lustig: „Seht ihr dort den Scholem gehn, ach was ist der Golem scheen!“

Meine eigene Geschichte mit dem Golem begann vor vielen Jahren, als ich an der Princeton University erstmals einen Kurs für Studierende aller Fächer in ihren ersten Studienjahren entwickelte, den ich in immer neuen Variationen mehrfach geben sollte. Er wurde mein erfolgreichster Kurs in Princeton, der sogar einmal im studentischen Vorlesungsverzeichnis mit der begehrten Sonnenbrille ausgezeichnet wurde – die für „cooler Kurs“ stand. Aus diesen Kursen gingen nicht nur wissenschaftliche Arbeiten – z. B. eine druckreife Untersuchung über den Golem in der deutschen Romantik – hervor, sondern auch Gedichte, Musikstücke und Erzählungen, die die Golem-Legende weiterspinnen. Nach Jahren der intensiven wissenschaftlichen Beschäftigung mit dem Golem erfüllt sich mit unserer „Golem“-Ausstellung für mich nun auch ein persönlicher Traum: daran mitzuwirken, wie das, was ich mit meinen Studierenden zusammen über den Golem gelernt habe, visuell umgesetzt und einer breiten Öffentlichkeit zugänglich gemacht werden kann.

Ich wünsche uns allen viel Spaß bei der Begegnung mit dem Berliner Golem.

GOLEM, GOLEM

“It is said that the golem lives everywhere and in all times.”
David Frishman, „The Golem“, 1922

Mit der großen Themenausstellung über die prominenteste jüdische Legendenfigur, den Golem, widmen wir uns einem Erzählstoff, der bis heute Generationen von Künstler*innen, Filmemacher*innen und Autor*innen inspiriert. Die Ausstellung zeigt die verschiedenen Formen des Golem, von seiner Erschaffung aus einem Ritual der jüdischen Mystik bis hin zum künstlichen Wesen der Populärkultur.

Im Zentrum der Golem-Legende steht der menschliche Traum, selbst zum Schöpfer zu werden, Leben zu schaffen, der hier mit einer Reihe von Themen wie Kreativität, Kontrolle, Macht oder Rettung verknüpft wird. Die thematisch organisierte Ausstellung ergründet die Fortschreibungen der Golem-Figur vor allem in Kunst, Film und Literatur und entdeckt darin eine große visuelle Kraft. Der Golem, ein Superheld oder Weltenretter, den seine Unkontrollierbarkeit zum Monster oder Bösewicht macht, wird zum Symbol für die Ängste und Bedrohungen der Menschen in ihrer jeweiligen Zeit: die Ritualmordanschuldigungen, die jüdische Gemeinden bedrohten, ebenso wie die Verfolgung durch die Nazis, die gewaltigen politischen Umwälzungen des 20. Jahrhunderts oder die Gefahr einer atomaren Katastrophe. Ob in Literatur, Theater, Film, Comic, Fernsehen, Computerspiel, bildender Kunst, Video, Installation oder moderner Technologie: Die Ausstellung geht der Frage nach, was ein Geschöpf ausmacht, was einen Schöpfer – und damit, was es bedeutet, Mensch zu sein.

Für den Katalog haben wir Autor*innen, Expert*innen unterschiedlicher Disziplinen, um ihre Assoziationen zu den Ausstellungsexponaten gebeten. In dieser Textsammlung spiegelt sich die Fülle der Deutungsmöglichkeiten des Golem. Zitate aus literarischen Texten, die das Bild der Legendenfigur über die Jahrhunderte geprägt haben, vervollständigen den vorliegenden Band.

Text Emily D. Bilski und Martina Lüdicke, Kuratorinnen der Austellung „Golem“
Biografien Emily D. Bilski ist Kunsthistorikerin und arbeitet hauptsächlich über die Schnittstelle zwischen Kunst, Kulturgeschichte und jüdischer Erfahrung in der Moderne sowie über zeitgenössische Kunst. Sie arbeitet als Kuratorin und Beraterin von Museen in den USA, Europa und Israel. Für ihre Buchpublikationen „Berlin Metropolis: Jews and the New Culture: 1890–1918“ (1999) und „Jewish Women and Their Salons: The Power of Conversation“ (2005) gewann sie jeweils den National Jewish Book Award. Martina Lüdicke ist Literaturwissenschaftlerin und Ausstellungskuratorin am Jüdischen Museum Berlin. Als Kuratorin arbeitete sie an den Sonderausstellungen „Weihnukka“, „Heimatkunde“, „Die ganze Wahrheit ... was Sie schon immer über Juden wissen wollten“ und „Haut ab! Haltungen zur rituellen Beschneidung“.

DER GOLEM LEBT

Was sind die Golems von heute? Als Metapher der Gegenwart steht der Golem für Technologien, die ihrem Schöpfer entgleiten und zur Bedrohung werden. Wie verändern Robotik, Genforschung oder Transhumanismus unseren Alltag? Sind Androide, Klone oder Cyborgs schon jetzt die perfekteren Versionen des Menschen? Treffen wir unsere Entscheidungen noch selbst oder bestimmen Algorithmen – gefüttert mit der *Big Data* unserer Telefone – Konsum, Sozialkontakte und Lebensentwurf?

Die Analogie von Golem und Maschine ist nicht neu. 1965 bittet das Weizmann-Institut für Wissenschaften den Kabbala-Gelehrten Gershom Scholem, die Eröffnungsrede zur Einweihung eines neuen Großcomputers zu halten. Scholem gibt der künstlichen Intelligenz den Namen „Golem Aleph". Den neuen Golem vergleicht er mit seinem Prager Vorfahren: „Alle Welt ergeht sich in Spekulationen darüber, wie es mit den fortgeschritteneren Formen des Golem gehen wird. Vorerst scheint es jedoch, dass wir uns noch für lange Zeit mit einem Golem abfinden müssen, der nur tut, was man ihm sagt, und keine eigene Initiative entwickelt. [...] So gebe ich denn auf und sage nur zum Golem und seinem Schöpfer: Entwickelt euch friedlich und zerstört die Welt nicht. Schalom."

Golems, die längst nicht mehr nur tun, was ihre Schöpfer ihnen sagen, haben die Macher der britischen Fernsehserie *Humans* (2015) entworfen. In ihrer radikalen Welt der Zukunft leben humanoide Roboter Seite an Seite mit ihren menschlichen Eigentümern. Die sogenannten Synths dienen als Babysitter*innen, Altenpfleger*innen oder Sexarbeiter*innen. Im Dialog mit ihrem menschlichen Gegenüber spricht der Humanoid Anita über die Grenzen von Mensch und Maschine: „In vielerlei Hinsicht kann ich mich besser um deine Kinder kümmern als du, Laura. Ich vergesse nichts. Ich werde nicht wütend oder depressiv oder betrinke mich. Ich bin schneller, stärker und aufmerksamer. Ich habe keine Angst. Und doch kann ich sie nicht lieben." Ihre künstliche Intelligenz soll das Alltagsleben erleichtern, doch wer Maschine und wer Mensch ist, bleibt vage: Die künstlichen Geschöpfe entwickeln Bewusstsein, speichern Erinnerungen, empfinden Aggressionen oder Empathie.

Eine reale Golem-Variante kommt am 5. Juli 1996 zur Welt: Das Schaf Dolly ist das erste aus einer einzelnen Zelle geklonte Säugetier. Um das gentechnisch erzeugte Wesen entbrennt eine Kontroverse, nicht nur unter Naturwissenschaftlern. Schon bald kreisen die Debatten weniger um das serielle Herstellen von landwirtschaftlichen Nutztieren als um das Klonen von Menschen. Kommentatoren vergleichen das Klonschaf mit Frankensteins Monster. Die Hybris des Menschen, der sich selbst zum Schöpfer erklärt, löst Urängste aus. Die Debatte um künstlich hergestelltes und manipuliertes Leben setzt sich im Juni 2000 mit der Entzifferung des menschlichen Genoms aus den Buchstaben ACGT fort: „Heute lernen wir die Sprache, in der Gott Leben erschaffen hat“, verkündet der US-amerikanische Präsident Bill Clinton, als die Forschungsergebnisse im Weißen Haus der Öffentlichkeit vorgestellt werden. Der menschliche Bauplan aus Milliarden von Buchstaben scheint das Geheimnis des Lebens offenzulegen. Zwar können heute alle für wenige hundert Euro ihr eigenes Genom in den Händen halten, doch haben sich weder die damit verbundenen Hoffnungen erfüllt, noch sind die Befürchtungen Wirklichkeit geworden.

Der moderne Golem steht für die Ambivalenz von Hoffnung, Skepsis und Gefahr; seit den 1970er Jahren auch im Kosmos der Spielwelt. Zum ersten Mal tauchen Golem-Nachfahren im Rollenspiel Dungeons & Dragons auf. Als Fleisch-, Eisen- oder Steingolems greifen sie zunächst noch analog in das Spielgeschehen ein, später bevölkern mächtige Kraftpakete als Avatare digitale Welten wie Minecraft oder Clash of Clans. Am Computer, auf Spielkonsolen und Tablets gehorchen Flammen-, Edelstein- oder Chaosgolems den Befehlen ihrer Schöpfer, und in allen schlummert das Potenzial, außer Kontrolle zu geraten. Das jüngste Beispiel für einen imaginierten Retter mit drohendem Kontrollverlust kommt allerdings aus der realen Welt: Während seine Anhänger in ihm den Heilsbringer zu erkennen glauben, wird der amerikanische Präsidentschaftskandidat Donald Trump auf Twitter und in politischen Kommentaren zum Golem von heute erklärt, „geschaffen aus gefälschten Rolex-Uhren und schlechten Hitler-DVDs und losgerissen von der Kontrolle seiner Schöpfer.“

My Light is Your Life

Ist der Golem eine Lichtgestalt? In der wohl bekanntesten Golem-Legende wird er uns als Retter der Prager Juden präsentiert, denn Rabbi Judah Loew kann darin seine Gemeinde mithilfe der mythisch-mystischen Kreatur vor Vertreibung und Tod bewahren und die Judenstadt (vorübergehend) zu einem sicheren Ort machen. Der Maharal (Moreinu ha-Rav Loew) soll den Golem im 16. Jahrhundert als Reaktion auf eine konkrete Bedrohung geschaffen haben; aus einer anorganischen Substanz (Erde) geformt, wurde ihm Leben eingehaucht - eine „kleine" Schöpfungsgeschichte ist dieser Akt, denn der Golem bleibt unvollkommen, ihm fehlt die Sprache, und über seine Empathiefähigkeit gehen die Meinungen auseinander. Durch seine eingeschränkte Kommunikationsfähigkeit bleibt er eine unbeholfene, von seinem Meister abhängige Kreatur, deren übermenschliche Kräfte im Guten wie im Bösen eingesetzt werden können. Der Schöpfer und Meister kann aber nur ein ebenso frommer wie gelehrter Jude sein; also ist die Erschaffung eines Golem kein hybrider Akt, wie es in zahlreichen anderen Geschichten um künstliche Menschen und Monster berichtet wird, sondern ein Gottesdienst im wörtlichen Sinne. Die Hybris entsteht erst, wenn der Golem von seinem Schöpfer nicht rechtzeitig, also nach Erfüllung seiner Aufgabe, wieder „getötet" wird, dieser sich also anmaßt, das Wesen ohne göttliche Rückbindung für seine Zwecke einzusetzen. So gibt es zahlreiche Geschichten über Golems, die sich zunehmend der Beherrschung entziehen und schließlich ihre Schöpfer töten. Kann der Golem also eine Lichtgestalt sein?

Ein Blick in die kulturhistorische Rezeption zeigt, dass der Golem seine Wurzeln zwar in der mittelalterlichen Kabbala hat, seine allgemeine Wirkungsmacht aber erst im 19. Jahrhundert entfalten konnte, als, angeregt von den zahlreichen Märchen- und Sagensammlungen etwa der Brüder Grimm, auch im deutschsprachigen Judentum volkspoetische Stoffe ediert wurden: u.a. die Geschichten des (Prager) Golem. Im 20. Jahrhundert rückte diese Legende plötzlich in den Vordergrund: 1909 publizierte Jehuda Judel Rosenberg ein Volksbuch über den Golem in hebräischer und jiddischer Sprache, und 1919 veröffentlichte Chajim Bloch eine nicht gekennzeichnete Übersetzung unter dem Titel „Der Prager Golem. Von seiner ‚Geburt' bis zu seinem ‚Tod'". In diesem Text wird der Golem zum Retter stilisiert, zum „Schutz der verzweifelten Juden", zum „Symbol der Hilfe Gottes, die immer rechtzeitig kommt, wenn auch oft (wie der Golem!) im letzten, verzweifelten Augenblick" (Chajim Bloch).
Der Golem wird damit zu einem Narrativ des modernen Judentums umgedeutet: In dem Versuch, dem aggressiven Antisemitismus der Vor- und Zwischenkriegszeit eine übermenschliche Rettergestalt entgegenzusetzen, in deren Existenz zudem das privilegierte Verhältnis zwischen Gott und seinem Volk eingeschrieben ist, spiegeln sich die Konflikte und Ambivalenzen des Judentums im beginnenden 20. Jahrhundert. Und vor diesem Hintergrund ist der Golem eine Lichtgestalt.

Text Anna-Dorothea Ludewig
Biografie Anna-Dorothea Ludewig studierte Allgemeine und Vergleichende Literaturwissenschaft. 2007 promovierte sie mit der Arbeit „Zwischen Czernowitz und Berlin. Deutsch-jüdische Identitätskonstruktionen im Leben und Werk von Karl Emil Franzos, 1847–1904". Sie ist wissenschaftliche Mitarbeiterin am Moses Mendelssohn Zentrum für europäisch-jüdische Studien Potsdam mit dem Arbeitsschwerpunkt Kultur- und Literaturgeschichte sowie Redaktionsmitglied von *Medaon—Magazin für jüdisches Leben in Forschung und Bildung* (www.medaon.de).

Bild **My Light is Your Life**
Krištof Kintera, Prag, 2009
Lampen, Kabel, Elektronik, ca. 470 x 450 cm

Der Mensch als Industriepalast

Wie funktionieren Dinge? Unsere natürliche Neugier treibt uns an, Schmetterlinge zu sezieren, Transistorradios zu bauen und Bücher, die uns Erklärungen anbieten, zu Bestsellern zu machen. Dr. Fritz Kahn, ein Gynäkologe, stellte sich der Herausforderung und erklärte, wie die inneren Systeme des menschlichen Körpers arbeiten. Doch wie überträgt man den pulsierenden Komplex aus Gefäßen, Flüssigkeiten und Organen in einem lebenden Menschen auf eine statische Buchseite? Kahn entschied sich für eine technisch-visuelle Analogie: eine Fabrik voller Röhren, Kolben, Zahnräder und Förderbänder, in der jedes Bauteil seine spezielle Funktion hat. Die Vorgänge in diesem Industriepalast werden überwacht und reguliert: Im Gehirn, genauer gesagt in Büroräumen, betitelt „Vernunft", „Verstand" und „Wille", walten Mini-Männer. Mini-Frauen sind nur in einer einzigen Abteilung zugelassen, der „Nervenzentrale". Dort sitzen sie wie geschäftige Telefonistinnen und zupfen vermutlich an Nervensträngen.
Doch Kahns Verneigung vor der Leistungskraft der industriellen Moderne löst ein Gefühl der Kälte aus: Ein Körper, dessen Innenleben aus Metallröhren besteht, mag das Wunder unserer technischen Fähigkeiten bezeugen, tatsächlich spiegelt diese Analogie aber die Grenzen der menschlichen Schöpfungskraft wider.

Rabbi Judah „Do-it-yourself" Loew, der im Prag des 16. Jahrhunderts lebte, war auch so ein wissbegieriger und erfinderischer Typ, der große Ambitionen entwickelte, vielleicht beim Herumfrickeln auf dem Dachboden der Synagoge. Er wagte es, einen lebenden Mann aus Ton – einen Golem – zu machen, ein Ebenbild seiner selbst und implizit ein Ebenbild des Allmächtigen. Somit versuchte Loew, Gott zu schaffen und selbst Gott zu werden: gefährliche Ziele, an denen er scheitern musste. Trotz seiner technischen und geistlichen Kenntnisse bekam Loew sein Vorhaben nicht richtig hin. Nur Gott kann den warmen Atem des Lebens schaffen, den Geist, die *neschama* oder wie immer man die Luft nennen will, die die Nase des ersten Menschen der hebräischen Bibel erfüllte und Adam zum lebendigen Wesen machte.
Die Legende von Rabbi Loew war seit Jahrhunderten im Umlauf, als Fritz Kahn sich anschickte, das Wunderwerk Mensch auf einer Buchseite darzustellen. Auch wenn das Bild fasziniert, scheitert es letztlich. Ein menschliches Wesen kann kein seelenloser, eisiger Automat sein, und darum verstört die clevere visuelle Analogie.

Text Michal Friedlander
Biografie Michal Friedlander ist Judaistin und Kulturhistorikerin. Sie studierte an der Cambridge University, England, und arbeitete an Museen in New York, Los Angeles und Berkeley, kuratierte zahlreiche Ausstellungen und publizierte zu verschiedenen Themen. Seit 2001 ist sie Kuratorin für Judaica und Angewandte Kunst am Jüdischen Museum Berlin.

Bild **Der Mensch als Industriepalast**
Idee: Fritz Kahn, Stuttgart, 1926
Grafik: Unbekannt
Farblithografie, 96 x 48,5 cm

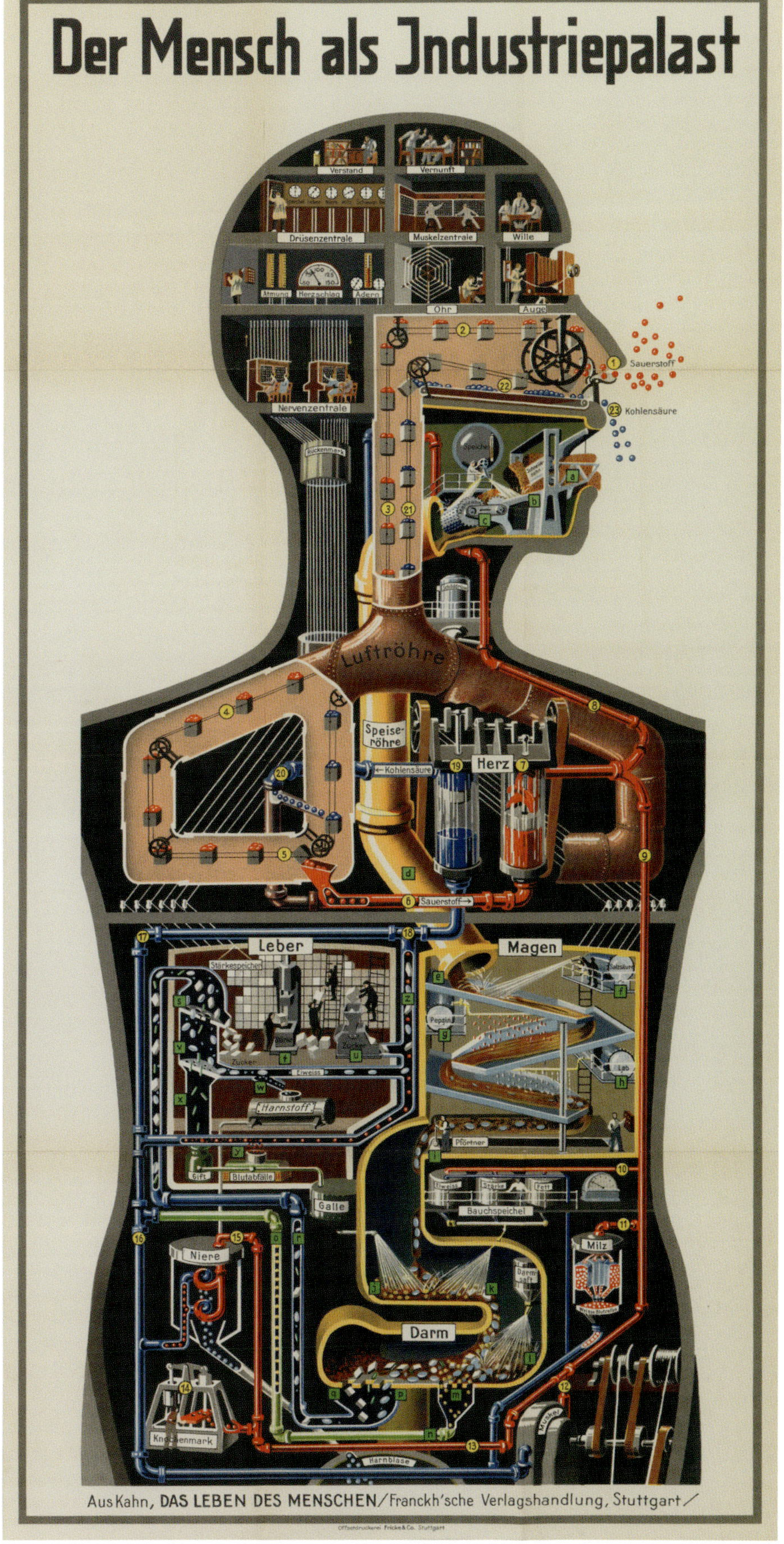

Der Mensch als Industriepalast
Verstand
Vernunft
Drüsenzentrale
Muskelzentrale
Wille
Atmung
Herzschlag
Adern
Ohr
Auge
Nervenzentrale
Sauerstoff
Kohlensäure
Luftröhre
Speiseröhre
Herz
Kohlensäure
Sauerstoff
Leber
Magen
Stärkespeicher
Zucker
Eiweiss
Harnstoff
Pförtner
Gift
Blutabfälle
Galle
Bauchspeichel
Niere
Milz
Darm
Knochenmark
Harnblase
Aus Kahn, DAS LEBEN DES MENSCHEN/ Franckh'sche Verlagshandlung, Stuttgart/

Die Grundregeln der Robotik

DAS NULLTE GESETZ
Ein Roboter darf der Menschheit keinen Schaden zufügen oder durch Untätigkeit zulassen, dass der Menschheit Schaden zugefügt wird.

DAS ERSTE GESETZ
Ein Roboter darf einem menschlichen Wesen keinen Schaden zufügen oder durch Untätigkeit zulassen, dass einem menschlichen Wesen Schaden zugefügt wird, es sei denn, dies würde das nullte Gesetz der Robotik verletzen.

DAS ZWEITE GESETZ
Ein Roboter muss dem ihm von einem menschlichen Wesen gegebenen Befehl gehorchen, es sei denn, dies würde das nullte oder das erste Gesetz der Robotik verletzen.

DAS DRITTE GESETZ
Ein Roboter muss seine Existenz beschützen, es sei denn, dies würde das nullte, das erste oder das zweite Gesetz der Robotik verletzen.

Text Isaac Asimov
Biografie Isaac Asimov (1920–1992) war ein russisch-amerikanischer Biochemiker und Autor von Sachbüchern sowie von Science-Fiction-Romanen. Die hier zitierten Grundregeln der Robotik beschrieb er erstmals 1942 in seiner Kurzgeschichte „Runaround“.

Bild **Humanoider Roboter REEM-C**
PAL Robotics, Spanien, 2013

PAL
ROBOTICS
REEM-C

Ein Gespräch mit Shmuel Ruchman

Prof. Shmuel Ruchman kam 1961 ans Weizmann-Institut für Wissenschaften in Rehovot, Israel. Auf Einladung von Prof. Chaim L. Pekeris trat er in das Team ein, das den Golem plante und baute: den zweiten am Institut entwickelten Computer, Nachfolger des WEIZAC, des ersten israelischen Großrechners. „Auf diesem Gebiet, wo der Fortschritt so rasant ist", sagte Pekeris, „ist bei manchen Entwicklungen die Industrie schneller und bei manchen die akademische Welt. Wenn Sie überall Schritt halten wollen, sollten Sie sowohl hier wie dort sein."

Yivsam Azgad: **Was war das Besondere am Golem-Rechner?**

Prof. Shmuel Ruchman: Ich arbeitete mit den Ingenieuren Miron Melman und Zvi Riesel zusammen, und unser Bauplan basierte auf dem Computer ILLIAC 2, der leider nie funktioniert hat. Schon im Planungsstadium gelang es uns, die Konstruktion zu verbessern, sodass wir mit dem Golem eine Rechengenauigkeit von 19 Stellen nach dem Komma erzielten, gegenüber 13 Stellen beim ILLIAC 2. Der Golem war um 20% schneller, viermal so präzise und verlässlich. Er war kleiner, weniger störanfällig, und er kostete nur 800.000 Dollar.

Spürten Sie damals, dass Sie Geschichte schrieben?

Wir hatten bei unserer Arbeit nicht das Gefühl, etwas Historisches zu tun. Allerdings lief der Bau des Golem ganz anders ab, als so etwas in der Industrie geschieht, wo man erst einmal einen Prototyp baut und testet, ehe die Produktion beginnt. Wir bauten gleich den Golem selbst, mit vollem Risiko. Und das ließ natürlich unseren Adrenalinspiegel steigen.

Für welche Forschung wurde der Golem genutzt?

Von Anfang an arbeitete der Computer rund um die Uhr. Dank seiner verbesserten Rechenleistung konnten Wissenschaftler ihn für komplexere Fragen einsetzen und sie mit größerer Genauigkeit beantworten, vor allem in der Geophysik und in der Spektroskopie.

Die Inbetriebnahme von Golem A weckte das Bedürfnis nach noch mehr Rechenleistung. 1967 wurde daher mit dem Bau von Golem B begonnen, der weitaus komplexer war und hochpräzise Fotografie- und Ätztechniken erforderte. Dabei half die regierungseigene Druckerei aus, die auch die israelischen Geldscheine druckte. Für die Herstellung mehrschichtiger Platinen und ultradünner Ummantelungen wurde ein Speziallabor eingerichtet. Zu der Zeit ernannte Premierministerin Golda Meir Prof. Ruchman zum Leiter des Nationalen Rats für Forschung und Entwicklung. 1984 reichte er ein Paper bei einer Konferenz über „Assoziative Verarbeitung in grafischen Systemen" in China ein. Das Paper wurde angenommen, und Prof. Ruchman erhielt eine Einladung zu der Konferenz, obwohl China und Israel damals noch keine offiziellen Beziehungen unterhielten. Er war der erste israelische Wissenschaftler, der in China auf einer Tagung sprach.

Interview Yivsam Azgad

Bild **Prof. Shmuel Ruchman mit Prof. Bertram Bussell arbeiten am Golem-Computer**
Israel, ca. 1960–1970
Fotografie

GOLEM
ARITH. TEST

Das Gehirn des Golem

Süddeutsche Zeitung: **Mr Gelernter, Sie schreiben, die zerstörerischste Analogie der vergangenen hundert Jahre sei, das Gehirn als eine Art organischen Computer und den Geist als seine Software aufzufassen. Warum ist der Vergleich so verkehrt?**

David Gelernter: Weil er nahelegt, man könne den menschlichen Geist durch das Studium der Computer besser verstehen.

Was entgeht einem denn dabei?

Schlicht die Tiefe und der Reichtum des menschlichen Geistes. Er ist zu so viel mehr in der Lage als ein elektronisches System. Ein Computer hat keine Sprache. Ich kann zwar sagen: Ich schreibe ein Programm, und ich nenne das eine Computersprache, aber es wäre nur ein formales Set von Regeln, keine Sprache in dem Sinn, wie sie im menschlichen Geist und Bewusstsein existiert. Der Computer könnte zwar sagen: „Ich habe ein Selbstbewusstsein." Aber er hätte es nicht.

Die Analogie geht auf den britischen Informatiker und Computerpionier Alan Turing zurück. Haben Sie eine Vermutung, warum sie sich so hartnäckig hält?

Als Turing den Vergleich ins Spiel brachte, war er erst mal vor allem eine gute Idee, um zu verstehen, wie der Geist in das Gehirn eingebettet ist. Software war damals etwas Neues, Turing reagierte auf diese Herausforderung. Es stellte sich nur schnell heraus, dass man es sich damit zu leicht machte. Als jemand, der viel von Software versteht, kann ich nur sagen: Der Geist ist kein formales System, das ich durch das Wissen über Software erklären kann. Der Geist enthält sehr viel mehr Unbekanntes als Bekanntes.

Dann dürften Sie es auch eher für unwahrscheinlich halten, dass so etwas wie die Entwicklung einer künstlichen Intelligenz möglich ist, über die derzeit so heftig debattiert wird?

Ja, ich glaube nicht, dass wir heute eine vollkommene Imitation des menschlichen Geistes aus Software herstellen können. Dafür wissen wir viel zu wenig über Geist und Bewusstsein, fassen sie noch viel zu sehr als statische Gebilde. Bewusstsein und Geist sind aber etwas, das sich fortwährend ändert, von Moment zu Moment. James Joyce und sein berühmter „Bewusstseinsstrom" im Roman „Ulysses" sind eine gute literarische Veranschaulichung dieser Überlegung.
[…]

Zu den aktuellen Vorstellungen der nächsten Entwicklungsstufe gehört, dass wir zu einem Zustand kommen könnten, in dem die Computer „organisch" werden, über implantierte Chips ein Teil unseres Körpers. Die alte Gegenüberstellung von Computer und Geist verschwände, es käme zu einer Verschmelzung von Computer und Mensch. Was halten Sie davon?

Das halte ich nicht nur für eine fundamental falsche, sondern zugleich für eine extrem gefährliche Vorstellung und für eine existenzielle Bedrohung der Menschheit. Gerade durch die Wissenschaft, etwa die Biochemie, lernen wir ja derzeit, wie hochkomplex organi-

Interview Lothar Müller
Biografie David Gelernter ist US-amerikanischer Informatiker und Journalist. Er veröffentlichte zuletzt das Buch „Gezeiten des Geistes. Die Vermessung unseres Bewusstseins". Dieses Interview mit ihm erschien am 26. März 2016 in der *Süddeutschen Zeitung*.

sches Leben ist, wie stark es sich von der Silicon-Welt der elektronischen Welt unterscheidet.

Wie auch immer sich die Computer also entwickeln werden, ihr Charakter als nicht-organische elektronische Maschinen wird sich nicht ändern?

Nein. Man kann im Übrigen die Maschinenmetapher auf den menschlichen Körper anwenden, aber dann muss man sagen: Der Körper ist eine organische Maschine. Für das Implantieren von Chips, von Elektronik in ihn hinein sollten strenge ethische Grenzen gelten. Es kann dazu dienen, Krankheiten und physische Defekte zu heilen oder Schmerzen zu lindern. Um die Nerven- oder Muskelkontrolle zu verbessern und Wahrnehmungsausfälle und Blindheit zu kurieren, lässt sich Software entwickeln, und ich hoffe, dass das funktioniert. Geist und Bewusstsein operieren aber anders als Herz, Lunge, Haut, Muskeln und Nerven.

Riskieren wir die Beschädigung der gesamten Menschheit, wenn wir damit beginnen, Elektronik zu implantieren, um unseren Geist und unser Bewusstsein mit neuen Fähigkeiten auszustatten?

Ja. Wir haben kein Recht dazu, so gravierend in die Physiologie von Geist und Bewusstsein einzugreifen, ohne zu wissen, was die Effekte sind und welche Auswirkungen sie für künftige Generationen haben werden. Ich halte den sogenannten Transhumanismus, der immer höhere Gedächtnisleistungen und immer höhere Intelligenzquotienten verspricht, für eine antihumanistische Verirrung.

Als 1965 am Weizmann-Institut in Rehovot in Israel ein neuer Computer gebaut wurde, schlug der jüdische Gelehrte Gershom Scholem vor, ihn „Golem I" zu nennen. Der Vergleich müsste Ihnen gefallen.

Der Mythos eines Golem, der eine Art menschlicher Roboter wird, wenn ein Aleph oder die vier Buchstaben Gottes in seinen Mund eingeführt werden, erzählt von einem Wesen, das alles tun kann: die Juden vor Verfolgung in Prag retten oder auch die ganze Stadt niederbrennen. Es ist eine Parabel von der Art, wie es sie in der Bibel und im Talmud gibt. Scholems Essay war eine Mahnung an die Wissenschaftler, sehr vorsichtig mit ihrer Erfindung umzugehen. Die „Transhumanisten" veranstalten heute überall Konferenzen und singen Loblieder auf ihre Chips und die Erweiterung der Gedächtniskapazitäten. Danach, was das moralisch bedeutet, fragt keiner. Wir sind seit Scholems Zeit noch viel unvorsichtiger geworden, als er sich das je hätte vorstellen können.

→

Bild **Schaltungsmodul des Großcomputers Golem Aleph**
Israel, 1963
Metall, Plastik, Silizium, 7,5 x 15 x 1 cm

Am 27. Juni 2000 füllt die *Frankfurter Allgemeine Zeitung* sechs Seiten Feuilleton mit Sequenzen des menschlichen Genoms. Kurz zuvor wurde der Code menschlichen Lebens entschlüsselt. Wie in einer fremden Sprache oder in einem Dada-Gedicht reihen sich Kombinationen der Buchstaben ACGT aneinander, stellvertretend für die DNA-Basen Adenin, Cytosin, Guanin und Thymin. Über drei Milliarden dieser Buchstabenfolgen setzen sich zu einer einzigartigen Abfolge zusammen und tragen die genetische Information eines individuellen Menschen. In einem Interview mit dem Deutschlandfunk 2010 erinnerte sich Frank Schirrmacher, der Herausgeber der *FAZ*:

„Das weiß ich noch wie heute, als das schließlich nachts ankam in einer großen Datei. Und es ist nicht nur der echte Code, es ist das letzte Stück, das durch die Rechner bei Celera Genomics gelaufen ist. Jetzt sind wir eine Zeitung und darüber hinaus noch ein Feuilleton. Was liegt also näher, als diese Textmetapher aufzunehmen in so einem historischen Moment und in seiner ganzen Unlesbarkeit, die diese Lesbarkeit impliziert. Das ist so eine kopernikanische Wende, das ist einer der Meilensteine der Wissenschaftsgeschichte, und das beschäftigt mich heute fast noch mehr als damals. Erwartungen spielen eine sehr große Rolle in der Beurteilung menschlicher Gesellschaften. Und diese Erwartung ist jetzt in unserer Gesellschaft drin: in Aktienmärkten genauso wie in der Welt der Medizin, wie in den Köpfen von Künstlern und Schriftstellern. Banal ausgesprochen: Die Machbarkeit des Menschen, die Herstellbarkeit oder Veränderbarkeit des Menschen bis hin zur Voraussage möglicher Krankheitsbilder des Menschen, die dann ja auch zu Diskriminierung und Ähnlichem führen können."

Text Martina Lüdicke

Bild **Entschlüsselung des menschlichen Genoms**
Frankfurter Allgemeine Zeitung, Nr. 146, 27. Juni 2000
56,5 x 80 cm

Fortsetzung von der vorigen Seite

Das Buch des Lebens

[illegible]

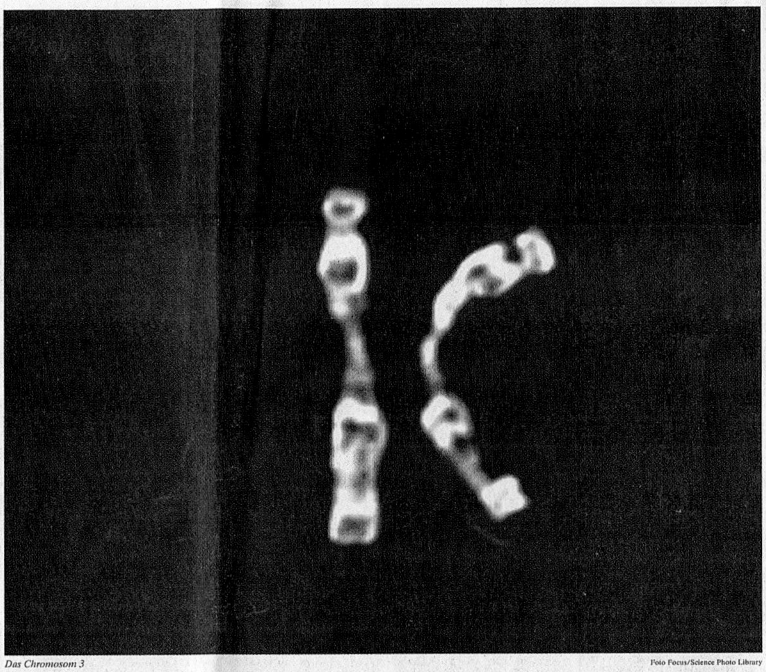

Das Chromosom 3

Foto Focus/Science Photo Library

[illegible]

Das nächste „Heureka!" muss aus Europa erschallen

Von Friedrich von Bohlen und Halbach

Die Nachricht des heutigen Tages könnte lauten: „Heureka!" Die legendäre Erfolgsmeldung charakterisiert hier schlicht und prägnant einen Meilenstein in der Geschichte der Menschheit. In der emotionalen Breitenwirkung kommt diese Meldung der ersten Mondlandung gleich, von der Bedeutung her ist sie mit der ersten Impfung zu vergleichen (die allerdings bei weitem nicht so viel Beachtung fand). Das ist auch das Besondere hier: die Koppelung der Wichtigkeit dieses Ereignisses für die Menschheit mit der Aufmerksamkeit, die diesem Ereignis zuteil wird.

Die sich aus dieser Nachricht ergebenden Erwartungen sind allerdings zu relativieren, da die eigentliche Arbeit zum guten Teil erst noch bevorsteht. Es ist so, als ob man den kompletten Buchstaben- und Zeichensatz eines Buches entdeckt hat, leider aber die benutzte Sprache und Syntax nur teilweise kennt. Was es jetzt für das tiefere Verständnis des Genoms braucht, ist – metaphorisch gesprochen – ein neuer Stein von Rosetta. Genau daran wird heute gearbeitet – man nennt es Postgenomics.

„Celera" ist nüchtern betrachtet ein amerikanisches Unternehmen aus Maryland, knapp drei Jahre alt. Der Name ist abgeleitet aus „acceleration", und folgerichtig lautet das Firmenmotto: „Speed matters." So weit noch nichts Besonderes. Das wird es aber, wenn man erfährt, dass dieses relativ kleine Unternehmen in nur wenigen Monaten und fast im Alleingang geschafft hat, woran Dutzende akademischer Laboratorien weltweit seit zehn Jahren gearbeitet haben: nämlich die Sequenz eines sehr großen und sehr bedeutenden Genoms aufzuklären.

Die eigentliche Revolution, die dahintersteckt, geht jedoch viel weiter. Die klassische Trennung (ehrlicherweise müsste man sagen: willkürliche) von Wissenschaft und Industrie wird obsolet. Die Sequenzaufklärung war länger schon keine wissenschaftliche Herausforderung mehr, sondern eine Frage der effizienten Umsetzung technologischen Fortschritts. Diese „neue Konvergenz" wird sich in Zukunft noch stärker manifestieren. Es sind heute private Unternehmen, allen voran amerikanische, die die meisten Patente auf Sequenz-Funktionsbeziehungen aus den verschiedensten Organismen halten. Dieser Patentschutz ist die Voraussetzung dafür, dass erhebliche Gelder in die zukünftige Veredelung und Weiterentwicklung dieser Patente investiert werden, die letztlich zu neuen und besseren Wirkstoffen (zum Beispiel Arzneimittel) oder Verfahren (zum Beispiel zum effizienteren Abbau umweltbelastender Stoffe) führen sollen.

Geld ist die am wenigsten knappe Ressource in der heutigen Biotechnologie. Allein in Deutschland stehen prinzipiell mehrere Milliarden Euro zur Verfügung. Aber nicht in Form notorisch zu knapper Staatsfinanzen, sondern in Form privat bereitgestellter Fonds. Es ist letztlich eine Frage des Mutes, diese neuen Finanzierungsformen anzusprechen. Widerstand hiergegen ist meist emotional geprägt und Ausdruck einer unscharfen Angst vor Messbarkeit und Effizienzkontrolle. New Economy wird heute unumstritten als Synonym für eine neue unkonventionelle, leistungs- und erfolgsorientierte Einstellung in der Industrie benutzt. Ganz analog ist es meines Erachtens an der Zeit, den Begriff der „New Science" zu prägen.

Amerika gibt in der Biotechnologie unumstritten das Tempo vor. Die technologischen Voraussetzungen für die Entschlüsselung komplexer Genome wurden bereits in den siebziger und achtziger Jahren des zwanzigsten Jahrhunderts geschaffen. Obwohl die einzelnen Erfindungen für sich genommen nur begrenzte Bedeutung hatten, bilden sie in der Summe die Grundlage für die biotechnologische Revolution, die in den neunziger Jahren begann. Es handelte sich fast immer um Erfindungen und Entwicklungen, die Nobelpreise nach sich zogen, und sie stammten fast ausschließlich aus amerikanischen Laboratorien.

Gefragt, was man als Schulabgänger heute werden solle, könnte man zynisch antworten: Patentanwalt in den Vereinigten Staaten. Denn der Streit um Patente auf Gene und Sequenzen wird kommen, und er wird hauptsächlich in Amerika ausgetragen werden, und es werden hauptsächlich amerikanische Körperschaften sein, die ihn gewinnen werden. Eine klügere Antwort würde lauten: Befassen Sie sich mit Postgenomics, das heißt den Inhalten und Tätigkeiten, die jetzt und in der nächsten Zukunft wichtig sind, da das menschliche Genom (und bald auch alle anderen relevanten Genome) nur in der Rohsequenz, das heißt als Rohinformation, zur Verfügung stehen.

Jetzt werden also Interpreten und Übersetzer benötigt. Das ist auch eine neue Chance für Europa und für Deutschland. Eine zentrale Rolle wird hierbei den Informationswissenschaften zukommen, da der Rohdatenzufluss unvermindert exponentiell anwachsen wird. Unsere Diskussion über „Inder und Kinder" wirkt hier atavistisch und verheißt wenig Gutes. „New Economy", gepaart mit „New Science", wird die neue Erfolg versprechende Konstellation werden. Das Geld ist vorhanden; was noch fehlt, ist das gesellschaftspolitische Bekenntnis. Es wäre schön, wenn ein zukünftiges „Heureka!" auch eine andere Assoziation wecken könnte als derzeit, nämlich die, dass es sich um ein europäisches Ereignis handelt. Der Weg dahin wird nicht einfach sein, ihn allerdings nicht gehen zu wollen wäre für unsere Zukunft und die unserer Kinder verantwortungslos.

Friedrich von Bohlen und Halbach, geboren 1962, promovierte als Biochemiker und ist heute Chief Executive Officer der Lion Bioscience AG in Heidelberg, eines der führenden Biotech-Unternehmen Deutschlands.

Avatare

In 50 Jahren, so verheißen uns Fachleute der Animationstechnik und der künstlichen Intelligenz, werden unsere Computer imstande sein, uns als Avatare weiterleben zu lassen, wenn wir tot sind. Mittels Animation und Stimm-erkennung können Freunde und Angehörige dann lebensechte digitale Versionen von uns erschaffen, denen sie unseren besonderen Geist einhauchen. Dazu bedienen sie sich eines komplizierten Zaubers, zu dessen Bestand-teilen unsere Onlinekommunikation, hoch-geladene Fotos, Kundenkonten und GPS-Daten zählen. Angefüllt mit Aufzeichnungen über unsere Erlebnisse und Beziehungen werden die dreidimensionalen Wiedergänger unseren überlebenden Freunden und Ver-wandten in sozialen Netzwerken zur Verfügung stehen. Und sobald die Software es ihnen erlaubt, aus Bildern dieser Freunde und Ver-wandten auf deren Gemütszustände zu schließen, werden unsere Avatare imstande sein, die Verbindung zu unseren Liebsten zu halten, über ihr Leben auf dem Laufenden zu bleiben und sich über unseren Tod hinaus zusammen mit ihnen weiterzuentwickeln.

Schon heute wirkt so ein Szenario nicht mehr weit hergeholt. Wir behalten die Facebook-Accounts unserer verstorbenen Liebsten und wärmen alte Gefühle auf, indem wir im Netz Freunden und Expartnern nachspüren, mit denen wir längst nicht mehr reden. Zum Teil bauen wir unsere eigene Webpräsenz zu ebendiesem Zweck auf. Um im Gedächtnis unserer Freunde am Leben zu bleiben, sind wir nicht mehr auf deren unzuverlässige Erinnerungen angewiesen. Jedes Mal, wenn wir ein Foto auf Instagram hochladen oder unserem Telefon erlauben, unseren Standort zu speichern, tragen wir etwas bei zu unserem Online-Leben nach dem Tod. Jeder Face-book-Post haucht den Golems, die wir aus den Geräten in unserer Tasche gemacht haben, ein wenig mehr Leben ein.

Sie sind unsere Beschützer vor der totalen Zerstörung, unsere Garantie gegen das Ende – wenn wir bloß die Bilder richtig arran-gieren, wenn wir bloß darauf achten, den festgehaltenen Erlebnissen einen treffenden Namen zu geben.

Den Drang, unseren Geist in einem Körper außerhalb unserer selbst aufzubewahren, hat es immer gegeben. Er treibt uns dazu, Bücher zu schreiben und Kunst zu schaffen. Oder auch Golems. Manchmal entscheiden wir uns für Körper aus Lehm, manchmal für Körper aus Papier – und heute zunehmend für die Körper unserer Telefone und Compu-ter. Auch diese Avatare haben schon ihre eigene Macht entwickelt: Sie verändern uns, machen uns abhängig, stehlen sich mit unseren Erinne-rungen davon, nehmen unseren Platz ein im Kopf der Menschen, die uns nahestehen.

Text Louisa Hall
Biografie Louisa Hall wuchs in Philadelphia auf. Sie promovierte in Literaturwissenschaften an der University of Texas in Austin, wo sie heute Literatur und Kreatives Schreiben unterrichtet. Sie ist die Autorin der Romane „Speak" und „The Carriage House"; ihre Gedichte wurden unter anderem in den Zeitschriften *New Republic*, *Southwest Review* und *Ellipsis* veröffentlicht.

Bild **People walk on a sidewalk in Manhattan both holding smartphones in their hands**
Michael Kowalczyk, New York, 2015
Fotografie

Das Geheimnis des Cyborgs

Im Jahr 2029 verkündet der Megacomputer Golem XIV in dem ihm eigenen Pathos das posthumane Zeitalter: Der Mensch könne sich nur dadurch retten, indem er sich von den „Ketten aus Aminosäuren" befreie und die Grenzen des „Codes" erweitere. Der Abschied der Intelligenz vom organisch-biologischen Zustand suggeriert in Stanisław Lems Erzählung aus dem Jahr 1981 ein qualitativ erweitertes Denkvermögen, eine Überwindung der Fragilität, die mit dem Körper einhergeht, sowie eine grundsätzliche Transformation des Menschen über die biologische Evolution hinaus. Die kybernetische Fantasie des 20. Jahrhunderts greift immer wieder auf die Figur des Golem zurück. Damit ist aber auch die alte Angst benannt, dass die von uns geschaffene Intelligenz sich gegen uns wenden könnte. Norbert Wiener, der Begründer der Kybernetik, sprach bereits 1964 in seinem letzten Buch „God & Golem, Inc." davon, dass der Computer „das moderne Gegenstück zum Golem des Rabbiners von Prag" darstelle.

Der Golem wird durch Sprachmagie erschaffen. Dies korrespondiert mit der Kernthese der Kybernetik, dass anorganische *und* organische Prozesse durch Informationsflüsse und Codes gesteuert werden. Die ambivalente Pointe des Golem- wie des Cyborg-Motivs ist, dass beide Figuren selbsttätig Intelligenz entwickeln und darum ihre Programmierung erkennen, sich autonom darüber hinwegsetzen beziehungsweise umschreiben. Das Bedrohungsszenario der künstlichen Intelligenz ist zwar alt, hat jedoch mit der rasanten Entwicklung der Informationstechnologie eine neue Aktualität erhalten. Alex Garlands Film *Ex_Machina* wirkt so unheimlich, weil uns die künstliche Intelligenz inzwischen jeden Tag tatsächlich durch autonom tätige Programme manipuliert und verführt.

Aber der Cyborg enthält auch ein Versprechen auf Freiheit. Nicht zufällig sah die feministische Theoretikerin Donna Haraway in dieser Figur ein Symbol für das Umschreiben auch *sozialer* Codes. Und in Marge Piercys Science-Fiction-Roman „He, She and It" (1991) taucht der Androide Yod auf, der von seiner Programmiererin Malka eine feministisch transformierte Golem-Legende erzählt bekommt. Wie sein Vorfahre aus Prag soll Yod – übrigens ein perfekter Liebhaber – die jüdische Gemeinschaft retten. Dabei verliebt er sich auf einmal in eine menschliche Kollegin und erkennt, dass sowohl die Rettung der Juden der Zukunft als auch seine eigene Befreiung in der Neuprogrammierung des Codes liegt. Indem er sich der Kontrolle seines Herstellers entwindet und sich schließlich gegen ihn richtet, zeigt Yod den anderen Figuren, wie Rettung und Befreiung gedacht werden können: durch Selbsterkenntnis und Transformation vermeintlich feststehender Realitäten. Piercys Roman illustriert damit positiv, was Garlands Film negativ vorführt: Das Geheimnis der künstlichen Intelligenz ist nicht ihre Intelligenz, sondern der Augenblick der Befreiung.

Text Caspar Battegay
Biografie Caspar Battegay ist Ambizione-Stipendiat des Schweizerischen Nationalfonds an der Universität Lausanne. Dort arbeitet er an seiner Habilitationsschrift über utopisches Denken in der jüdischen Literatur der Moderne. Seine Interessensgebiete umfassen die deutsch-jüdische Literatur, Literaturtheorie, moderne Geistesgeschichte und Popkultur.

Bild **Ex_Machina**
Drehbuch/Regie: Alex Garland, England, 2015

Dungeons & Dragons

In dem Spiel Dungeons & Dragons, üblicherweise als erstes modernes Fantasy-Rollenspiel bezeichnet, gibt es besondere Formen des Golem. Allerdings sind sie selten: Eine Gruppe Abenteurer wird sehr viel eher auf eine lebende Leiche als auf eine lebende Lehmfigur treffen. Die Möglichkeit, Tote zu einem Anschein von Leben zu erwecken, hat Begegnungen mit stumpfsinnigen Zombies oder schweigenden Skelettkriegern zur Folge, mit eigenmächtigen Leichenhexern oder mit Todesrittern. Am schwächsten Ende sind diese Untoten billige, austauschbare Truppen des Bösen, am stärksten Ende verkörpern sie das Böse selbst: als grausamer Kriegsherr, der die Welt erobern will, oder als launischer Zauberer, der nach Macht und Unsterblichkeit strebt. Böse sind die Untoten fast ohne Ausnahme; die Magie, um sie zu erschaffen – eine Form von Nekromantie –, deutet an sich schon auf üble Absichten hin.

Da nun das Böse über eine solch mächtige Technik verfügt, um sich immer neue Soldaten zu erschaffen, müssen die Mächte des Guten und der Neutralität Mittel finden, um gegenhalten zu können. Die Guten gehen das Problem zumeist frontal an, indem sie positive oder „heilige" Energie bündeln und damit den Fluss der negativen Energie durchbrechen, der den Untoten ihre unheilige Existenz ermöglicht. Jeder Geistliche im Dienst einer guten Gottheit ist imstande, die Untoten „umzudrehen", sie mit der Kraft eben des Lebens zu zerstören, dessen Zerrbild sie sind.

Zauberer und Hexer jedoch, deren Macht nicht von einem Gott verliehen ist, haben nur wenig oder gar keinen Zugang zu positiver Energie und müssen sich daher anders behelfen. Der Golem ist ihr Double im Kampf gegen die Untoten: ein belebtes Wesen ohne eigenen Willen, das Aufgaben bewältigen kann, denen sie selbst nicht gewachsen wären, und Schläge wegsteckt, die sie selbst nicht überstehen würden.

Dabei unterscheidet sich der Golem in vielerlei Hinsicht von den Untoten. Der durchschnittliche Golem ist viel stärker und widerstandsfähiger als der durchschnittliche Untote. Allerdings sind Golems auch viel aufwändiger herzustellen, und man benötigt dazu Spezialwissen in den Geheimwissenschaften. Die meisten Magier entscheiden sich deshalb für Zweige der Zauberei mit breiterer Anwendbarkeit.

Weil Golems so selten sind, sehen sich viele Abenteurer, die mit einem Untoten gleicher Stärke leicht fertig werden, kaum in der Lage, einen Golem zu bezwingen. Gegen die meisten Formen magischer Energie ist er immun, doch er hat andere, oft unvorhersehbare Schwachstellen. Ein Golem-Schöpfer kann auf einen kraftvollen Verbündeten zählen, der ihm bedingungslos gehorcht und seine Gegner verlässlich überrascht. Während die Untoten zugleich das Leben verachten und nach Unsterblichkeit streben, ist der Golem ein Roboter: ein willenloser Sklave, der dem klugen Underdog einen unschätzbaren Vorteil verschafft.

Text Theodore N. Motzkin
Biografie Theodore N. Motzkin studiert an der Harvard University im Fachbereich Sprache und Kulturen des Nahen Ostens.

Bild **Dungeons & Dragons Figuren**
Michael Neel, 2011
Fotografie

Der Golem, wie er ins Kinderzimmer kam

„Wir haben schon immer unmögliche Lösungen für unlösbare Probleme gefunden", zitiert das Epigraph in Michael Chabons Buch „Die unglaublichen Abenteuer von Kavalier & Clay" den jüdischen Comicautor Will Eisner. Angesichts der Bedrohung durch die Nazis schaffen die beiden Comiczeichner Josef Kavalier und sein Cousin Sam Clay in Chabons Roman Superhelden – freilich nicht mehr aus Lehm (englisch „clay"), sondern mit Tusche und Feder. Aber sie holen aus der Altneu-Synagoge in Prag auch einen rätselhaften unbelebten Körper aus einem versiegelten Zimmer. Man kann ja nie wissen, worauf es ankommt.
Ob Superman auch einen Zettel in seiner Brust trägt, auf dem das hebräische Wort *emet* („Wahrheit") steht? Im Besitz der Wahrheit zu sein, soll die Kraft verleihen, der Macht, dem Bösen entgegentreten zu können, die Schwachen zu schützen, die Juden zu retten.
Seit dem Holocaust ist diese Fantasie schillernder, abgründiger geworden, sie verbindet sich mit dem Traum eigener Macht und Souveränität, dem Traum der Unbesiegbarkeit.

Der Golem geistert wie noch nie durch die Literatur, durch Punkmusik und Comics. Und natürlich auch durch die Kinderzimmer. Unförmig wie eh und je, hässlich und ausufernd, scheinbar tumb und zugleich allmächtig. So wie die Superhelden, die der Feder jüdischer Zeichner ab der grausamen Mitte des 20. Jahrhunderts entsprangen, so bieten wohl auch die Actionfiguren des Golem nicht nur Juden, sondern jedem Kind, das seine Ohnmacht gegenüber der Welt in Allmacht verwandeln möchte (und das möchte doch jedes Kind), die unmögliche Lösung für unlösbare Probleme. Jonas Engelmann hat dieses Terrain in seinem Buch „Wurzellose Kosmopoliten. Von Luftmenschen, Golems und jüdischer Popkultur" gerade eindrücklich durchmessen.

Vielleicht hat jeder und jede seinen Golem. Und der Golem kann jede Gestalt annehmen. Vielleicht ist das das Geheimnis des Lehmklumpens. Jeder kann ihn weiterformen.
In Mordecai Richlers Roman „Der Traum des Jakob Hersch" ist der Golem sein Cousin Joey, der im israelisch-arabischen Bürgerkrieg 1948 den Feinden auf einem weißen Hengst unverwundbar entgegenreitet; in Joe Kuberts Comic „Yossel, 19. April 1943" ist er ein Mann mit Flügeln und der Maske eines Adlers, der die Gefangenen aus den KZ befreien könnte. Und in James Sturms Graphic Novel „The Golem's Mighty Swing" wird der Golem aus dem einzigen nichtjüdischen Mitglied des Baseball-Teams „The Stars of David" geformt: dem Afroamerikaner Henry Bell, der die Massen ins Stadion ziehen soll, im Kostüm des Golem aus Paul Wegeners Film *Der Golem, wie er in die Welt kam.*

Leider wird man den Golem, den man ruft, nicht immer so leicht los. Auf dem Album „Ver Tanzt?" des Black Ox Orkestar kreist ein israelischer Hubschrauber über der Altneu-Synagoge von Prag. Und in dem Song „Golem" auf dem Album „Nisht Azoy" singt Scott Levine Gilmore (auf Jiddisch): „Wir haben einen neuen Golem gemacht/Wir haben unseren Beschützer erschaffen/Ohne Seele und ohne Gnade/Er bewacht das Tor [...] Nun reibt er seine Brauen/Er wischt das Aleph fort./Und wir stehen still wie Lehm/Wir alle stehen still

Text Hanno Loewy
Biografie Hanno Loewy, Publizist und Ausstellungsmacher, Literatur- und Filmwissenschaftler, promovierte über frühe Filmtheorie, und war von 1995–2000 Gründungsdirektor des Fritz Bauer Instituts in Frankfurt am Main. Seit 2004 ist er Direktor des Jüdischen Museums in Hohenems. Er publizierte über Film und Fotografie, jüdische Gegenwart und Geschichte; 2014 erschien das Buch „Jukebox. Jewkbox! Ein jüdisches Jahrhundert auf Schellack & Vinyl".

Bild **Diverse Action- und Souvenirfiguren**
21. Jahrhundert
Kunststoff, Metall

wie Lehm./Aber nein. Es kann nicht weiter–gehen./Nein. Es kann nicht weitergehen./ Nicht so."

Ich muss an das Logo unseres Jüdischen Museums in Hohenems denken. Statt eines *alephs* ein *ayin. Ayin, mem, samech.* Besucher fragen uns immer wieder, was das heißt. Das sei doch falsch geschrieben. Wahrheit schreibe man doch mit *aleph.* Auch auf Jiddisch. *emes.*
Wir sind bescheidener. Keine Rede von Wahr–heit, die Macht verleiht. Nur ein Ortsname: Ems. Keine Unbesiegbarkeit, keine Fantasie der Rettung. Nur der Alltag des Zusammen–lebens, ohne unmögliche Lösungen.

Wie spielt man einen Roboter? Die *Humans*-Regeln

Die britisch-amerikanische Science-Fiction-Serie *Humans,* produziert von den Fernsehsendern Channel 4 und AMC, ist in einer Gegenwart angesiedelt, in der Roboter in Menschengestalt verbreitete Gadgets sind. Dass diese Versuchsanordnung so gut funktioniert, verdankt sich vor allem der befremdlichen physischen Präsenz dieser „Synths". Und dahinter wiederum stehen nicht nur deren Darsteller – angeführt von Gemma Chan als Synth-Haushälterin Anita, die mehr ist, als sie zu sein scheint – und die auf sie reagierenden Darsteller der Nicht-Synths (darunter William Hurt als alternder Wissenschaftler), sondern auch Bewegungsregisseur Dan O'Neill. O'Neill, ein ehemaliger Tänzer und Choreograph, war an allen Drehtagen mit am Set und schulte die Schauspieler in den fließenden und anmutigen Bewegungen, die er in seiner sogenannten „Synth-Schule" entwickelt hatte.

Ivan Cohen: **Wie kam es zur „Synth-Schule"?**

Dan O'Neill: Es gab ein ausführliches Exposé zu den verschiedenen Graden von Raffinesse in diesen Maschinen. Doch uns war klar, dass sie in ihren Bewegungen und ihrem Verhalten bestimmte Standards gemeinsam haben mussten. Dazu begannen wir mit zwei Darstellern, Gemma Chan und Will Tudor, Ideen zu entwickeln, die auf meiner bisherigen Arbeit basierten. Dann kam Sam Donovan, der Regisseur, hinzu, und wir besprachen, wie wir das mit dem kompletten Cast umsetzen könnten. So kam der Name „Synth-Schule" zustande, der ja ganz hübsch klingt.

Worum ging es, außer dem, was schon im Drehbuch stand?

Ich fand am wichtigsten, dass sie eine bestimmte Batterielaufzeit haben mussten, so wie unsere Telefone – oder eben wie ein Mensch, der 16 Stunden am Tag aktiv ist und dann acht Stunden lang auflädt. Deshalb war mir klar, dass sie die ergonomischsten aller Maschinen sein müssten. Sie würden keine Energie für Überflüssiges aufwenden. Wir verschwenden dauernd Energie, ändern die Richtung, überlegen es uns anders, handeln instinktiv. Diese Maschinen sollten keine Instinkte haben. Also musste auch die ganze nonverbale Kommunikation weg, die wir ständig betreiben, das Gestikulieren, das Am-Kopf-Kratzen, all diese Hinweise darauf, wie wir uns gerade fühlen. Die Synths würde nie ein Innenleben verraten. Sie wirken in vieler Hinsicht wie Menschen, bloß dass sie zu Zen sind. Für die Schauspieler war das eine echte Herausforderung, sie sind es ja gewohnt, Macken und Eigenarten ihrer Figuren zu erforschen und beim Spiel zu nutzen. Ich verlangte genau das Gegenteil von ihnen: Sie sollten versuchen, alle gleich zu wirken. Gemma fragte mich: „Aber habe ich dann überhaupt einen Charakter? Wenn ich mich an diese Regeln halte, verschwinde ich dann nicht irgendwie?" Und ich sagte: „Nein, wir projizieren Charakter und Bedeutung auf das, *was* du tust, denn genau darum geht es." Immer sind wir darauf aus, den Dingen Bedeutung aufzusetzen.

Haben sie mit Gemma und den anderen Synth-Hauptdarstellern intensiver gearbeitet als mit den anderen?

Interview Ivan Cohen

Bild **Humans**
Drehbuch: Sam Vincent/Jonathan Brackley
Großbritannien, 2015

Gemma spielt zusammen mit der wunderbaren Katherine Parkinson, in deren Haushalt sie arbeitet. „Reagiere auf sie nicht als Schauspielerin", sagte ich ihr. „Versuche das zu vermeiden." Und zu Katherine sagte ich: „Übertreibe das Menschliche ein bisschen, sei ein bisschen kratziger und zappeliger als sonst." So wird der Kontrast deutlicher. [...]

Die Schauspieler müssen viel geprobt haben für diese Rollen.

Ich sagte ihnen: Versucht, zu Hause eine Stunde lang ein Synth zu sein. Partner und Freunde machte das wahnsinnig. Mir selbst verbot meine Familie, es zu Hause zu üben. Meine arme Tochter flehte mich an: „Papa, kannst du dich nicht einfach wie ein Mensch benehmen?" Aber es machte süchtig, denn immer wieder lockten neue Herausforderungen für die Synth-Routine. [...]

Menschlich, aber nicht ganz.

Mir war das Wichtigste, Maschine zu bleiben. Dass man selbst in den empfindsamsten, emotionalsten Momenten dieser Figuren immer noch sieht, sie sind künstlich erschaffen. Das war für mich und für die Schauspieler die schwerste Aufgabe – dass dieser feine Unterschied nicht verloren geht. Sehr menschenähnlich zu sein und doch nicht ganz menschlich. Denn sonst wäre die Serie nichts geworden.

Das Basecap des Golem

Auf der Suche nach dem Golem als Metapher der Gegenwart stößt man 2016, im US-amerikanischen Wahlkampf, auf einen imaginierten Retter mit drohendem Kontrollverlust. Während seine Anhänger in ihm den Heilsbringer zu erkennen glauben, wird der Präsidentschaftskandidat Donald Trump auf Twitter und in politischen Kommentaren zum Golem von heute erklärt. Der kanadische Journalist Neil Macdonald zieht auf CBC News den direkten Vergleich: „Wie der Chelmer Golem [...] scheint Trump mit jedem Fernsehauftritt und jeder wahnwitzigen Rede an Macht zu gewinnen. Und wie der Golem droht er jetzt, seine Schöpfer zu zerstören, sollte versucht werden, die magischen, ihm Leben schenkenden Buchstaben von seiner Stirn zu entfernen. Beim Golem war das der Name Gottes; bei Trump ist es ein weißes Baseball-Cap mit der Aufschrift ‚Make America Great Again'."

Text Martina Lüdicke

Bild **Make America Great Again**
Baseballmütze, USA, 2016
Textil, 12 x 25 x 30 cm

MAKE AMERICA
GREAT AGAIN

JÜDISCHE MYSTIK

„Große Menschen waren einst durchaus imstande große Wunder zu vollbringen." So beginnt die Erzählung „Der Golem" des Schriftstellers Jizchok Leib Perez, und es gibt kein größeres Wunder als Leben zu schaffen. In der jüdischen Mystik gilt das Schaffen eines Golem als Versuch, sich Gott anzunähern um spirituelle Vollkommenheit zu erlangen. Aus Staub oder Erde geformt, wurde der Golem durch Beschwörungsformeln, rituelle Handlungen und bestimmte Kombinationen hebräischer Buchstaben zum Leben erweckt. In diesen Ritualen betonten die jüdischen Mystiker vor allem den Prozess des Schaffens: Der Vorgang selbst war wichtiger als der Zweck, dem ein Golem dienen könnte. Entsprechend wurde ein Golem, kaum zum Leben erweckt, sofort wieder leblos gemacht.

Mittelalterliche „Rezepte" zur Erschaffung eines Golem wurden in Manuskripten weitergegeben, so wie jene, die in den Schriften Eleasars von Worms überliefert sind. Diese Werke stellen wichtige Quellen für die Erforschung der jüdischen Mystik dar, wie sie von dem in Berlin geborenen Gershom Scholem (1897–1982) ins Leben gerufen wurde. Seine handgeschriebene Notiz zu einem mittelalterlichen Golem-Rezept ist auf S. 47 abgebildet.

Dem Vorgang des Schaffens und des Zerstörens eines Golem wurde von Lynne Avadenka in ihrem Künstlerbuch – dessen Cover an Lehm erinnert – eine aktuelle literarische und visuelle Form gegeben. Die Erfahrung von Transzendenz als letztes Ziel der Golem-Kreation ist ein weiteres Motiv, das von Künstler*innen und Künstlern, die sich mit Mystik befassen, aufgegriffen wird. Häufig wird dabei die Darstellung verschiedener Buchstaben-Permutationen genutzt, die benötigt werden, um einen Golem zum Leben zu erwecken. Am weitesten verbreitet ist dabei die Methode, die mit drei hebräischen Buchstaben den Golem zu animieren versucht: Zusammen ergeben sie das Wort *emet* (אמת) – „Wahrheit"; entfernt man den einen Buchstaben, entsteht das Wort *met* (מת) – „Tod" –, und der Golem wird wieder zu einer leblosen Masse. Ein anderer Ansatz beruft sich auf eine Technik, die die Buchstaben, die das Wort *adam* (אדם) – „Mann / Mensch" – ergeben, aufgreift.

Unabhängig von den spezifischen Methoden verweisen diese Traditionen – und ihre modernen Interpretationen – auf einen Glauben an die schöpferische Kraft von Sprache.

Text Emily D. Bilski

Die mystische Sprache, die magische Tradition und der Golem

Die jüdische Mystik in all ihren Erscheinungsformen seit der Spätantike hat das Hebräische als eine göttliche Sprache aufgefasst. Die jüdische Mystik beschäftigt sich mit der Unendlichkeit an Bedeutung, welche der heilige Text birgt, und damit, das göttliche Wesen zu begreifen, das die Grenzen von Zeit und Raum überschreitet und sich in den hebräischen Buchstaben widerspiegelt.

Somit zeichnet sich das Hebräische sowohl durch eine inhärente, endlose schöpferische als auch durch eine definierende Kraft aus: Denn jeder Buchstabe hat sein unverkennbares Zeichen, das seinen einzigartigen Klang markiert, und zugleich lässt die Sprache in ihren verschiedenen Komponenten einen unendlichen göttlichen Geist aufscheinen. Das Konzept der *laschon ha-kodesch*, der heiligen Sprache, geht zurück auf den Glauben, der Engel Gottes selbst habe Enoch, den Sohn Jareds (Genesis 5:21–24) – welcher zum ersten Leser und Schreiber wurde (Jubiläen 4: 16–19) –, sowie Abraham, den Sohn des Thera – der als erster aus Enochs hebräischen Schriften las (Jubiläen 12:25–27) –, hebräisch gelehrt.

Schon im „Sefer Jezira" („Buch der Schöpfung"), der ältesten sprachtheoretischen hebräischen Schrift, verfasst in den ersten Jahrhunderten unserer Zeitrechnung, begegnen wir der Auffassung, alle drei Bestandteile des Hebräischen – Klang, Geist und Rede – drückten den „heiligen Geist" Gottes und des Menschen aus. Das „Sefer Jezira" war das erste Buch, das auf das dialektische Wesen der Sprache hinwies: die begrenzte Zahl der Zeichen neben den schier unbegrenzten Möglichkeiten, sie zusammenzusetzen und zu deuten.

Die mystische Tradition begreift die Sprache als den immerwährenden kommunikativen Ausdruck des unendlichen, verborgenen göttlichen Geistes, der jegliche Schöpfung und Schaffenskraft speist. Vermittelt wird das Hebräische ausschließlich durch Gott, der die Welt durch Worte erschuf; durch die heiligen Engel des Wissens und des Zeugnisses, die das göttliche Mysterium im Himmel und auf Erden verkünden; sowie durch Menschen, die denken, sprechen, lesen, schreiben und erschaffen können mittels der heiligen Sprache – seit sie vom Engel Gottes das Lesen und Schreiben lernten in der siebten Generation der Schöpfung.

Neben der mystischen Überlieferung, welche dem Menschen durch Visionen, Träume, Engelsworte, Bücher und Gedichte offenbart wird – alle darauf ausgerichtet, den menschlichen Horizont in Richtung der ewigen himmlischen Heiligtümer zu erweitern –, bestand eine zweite, die sogenannte magische Überlieferung. Diese Tradition beruht auf der Annahme, einige Menschen könnten das unermessliche schöpferische Potenzial der göttlichen Buchstaben in praktische Ziele und nützliche Anwendungen übertragen. Die in der hebräischen Bibel festgehaltene Sprache ließ sich in gewohnter Weise horizontal lesen, doch ebenfalls vertikal, von oben nach unten, wobei sie göttliche Namen hervorbrachte, die dann auf verschiedene unbeschreibliche Arten in sich verändert und neu zusammengesetzt werden konnten.

Von der Zeit des Talmud bis in die frühe Neuzeit setzte eine ganze Reihe von „Meistern der heiligen Namen" diese Gottesnamen ein, um

Text Rachel Elior
Biografie Rachel Elior ist Professorin für Jüdische Philosophie an der Hebräischen Universität Jerusalem. Zu ihren Forschungsfeldern gehört die Geschichte der jüdischen Mystik sowie die An- und Abwesenheit von Frauen in der jüdischen Kultur und religiöser Tradition. 2006 erhielt sie den Gershom-Scholem-Preis für hervorragende Forschung zur Kabbala.

Bild **JHWH schemo ha-mejuchad (JHWH, Sein besonderer Name)**
Abschrift in einer Sammelhandschrift
Eleasar von Worms, 15./16. Jahrhundert
Tinte auf Papier, 33 x 27,5 x 12 cm

mit Mitteln der Volksmedizin göttlichen Beistand in menschlicher Not herbeizurufen. In der Antike wurden die heiligen Namen mündlich und allein im Tempel überliefert und seit der Spätantike, nach der Zerstörung des zweiten Tempels, schriftlich in „Mysterienbüchern". Im Lauf der ersten 500 Jahre unserer Zeitrechnung sagte man mehreren Gelehrten die Erschaffung von Lehmskulpturen, Golems, nach, welche menschenähnlich werden konnten, Roboter im Dienst ihrer menschlichen Schöpfer, wenn sie mit heiligen Namen versehen wurden. Dieser Akt galt als magisch-künstlerische Nachahmung der göttlichen Schöpfungskraft durch die Sprache, wie im ersten Kapitel der Genesis aufgezeichnet.

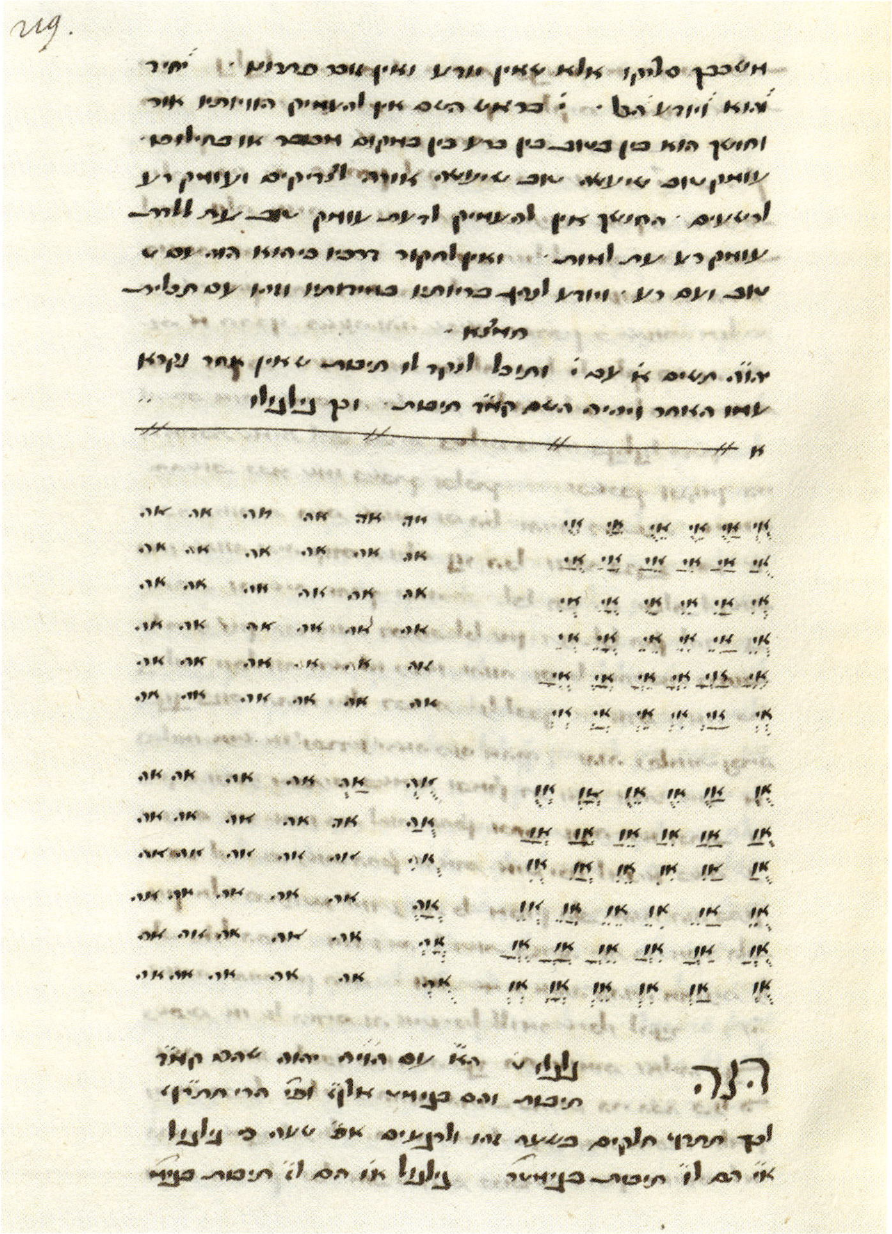

Der Golem und der imaginäre Körper

Joshua Abarbanels Golem ist eine verblüffende Transformation der jüdisch-magischen Überlieferung vom Erschaffen eines künstlichen Anthropoiden, manchmal auch Homunkulus genannt. Wenngleich die Ursprünge dieser Tradition in der Antike liegen dürften, wurden erst seit dem 13. Jahrhundert verschiedene Methoden dafür schriftlich niedergelegt – zumeist im aschkenasischen und nordfranzösischen Kulturraum. Der gemeinsame Nenner dieser Methoden ist zweiteilig: dass der Golem aus mit Wasser benetztem Staub geformt sein müsse und dass diese Gestalt durch das Aussprechen verschiedener Permutationen der hebräischen Buchstaben belebt wird. Letztere Komponente fußt in dem auf biblische und rabbinische Quellen zurückgehenden Glauben, Gott habe die Welt in ähnlicher Weise durch Buchstabenkombinationen erschaffen.

Noch relevanter für die mythische Dimension des Golem ist die Ausweitung dieser Idee in der jüdischen Mystik, angefangen mit dem zweiten Abschnitt des „Sefer Jezira" („Buch der Schöpfung"), demzufolge die Buchstaben nicht nur das Mittel der göttlichen Schaffenskraft sind, sondern auch das Material des Geschaffenen. Abstrakter gesagt: Der Körper in seinem wahren Wesen wird mit dem Buchstaben gleichgesetzt. Das Hebräische ist somit – buchstäblich – die Matrix-Sprache.

Während diese Annahme für alle materiellen Dinge gilt, kommen die mittelalterlichen Kabbalisten zu dem Schluss, der Mensch sei auf einzigartige Weise Schauplatz der Konvergenz von Buchstaben und Wesen. Denn zwischen seiner Anatomie und den Sefirot (göttlichen Emanationen) bestehe eine isomorphe Übereinstimmung: Die Sefirot nehmen imaginär die körperliche Form des göttlichen Anthropos an, eine Form, zusammengesetzt aus den Buchstaben des hebräischen Alphabets, die das Tetragrammaton JHWH bilden.

Diese Sicht setzt eine immanente Verbindung zwischen Sprache und Sein voraus, nicht bloß im mimetischen, sondern vielmehr im Sinn der *Mythopoeia*: also dass Worte – gesprochen oder geschrieben – das Wesen der Wirklichkeit formen, von der sie geformt werden. Die Prozedur, den Körper des Golem zu beleben, indem man Buchstaben kombiniert, ist eine Ausschmückung dieses mystischen Konzepts von der linguistischen Natur des Menschenkörpers.

In dem von Abarbanel geschaffenen Golem sehen wir dies grafisch verdeutlicht. Die hebräischen Lettern treten hervor als das Material, das diesem Körper seine Form verleiht. Zudem wird noch eine andere weit verbreitete Tradition reflektiert: Das Wort *emet*, „Wahrheit", sollte in Nachahmung Adams auf die Stirn des künstlichen Menschen geschrieben sein. Manchen Quellen zufolge erwog Gott, als er Adam zu töten gedachte, das *aleph* aus dem Wort *emet* zu tilgen, sodass nur *mem* und *tav* übrig blieben, die zusammen *met* ergeben: „Tod". Daraus können wir folgern, dass das *aleph* dem Golem das Leben gibt, und ebendiese Deutung legt das *aleph* an der Kette um den Hals von Abarbanels „Golem" nahe. Untermauert wird diese Interpretation durch die kabbalistische Aufschlüsselung des *aleph,* laut derer es aus *jod* oben, *waw* in der

Text Elliot R. Wolfson
Biografie Elliot R. Wolfson, Fellow der American Academy of Jewish Research, der American Academy of Arts and Sciences und der American Society for the Study of Religion, hält den Marsha and Jay Glazer-Lehrstuhl für Jüdische Studien an der University of California, Santa Barbara, inne. Er promovierte an der Brandeis University mit dem Forschungsschwerpunkt Jüdische Philosophie und Mystik. Beide Themen sind für seine Arbeit nach wie vor von zentraler Bedeutung. Er war Abraham Lieberman-Professor für Hebräisch und Jüdische Studien an der New York University, wo er von 1987 bis 2014 unterrichtete.

Mitte und *jod* unten besteht. In Zahlen umgewandelt und addiert ergeben diese drei Buchstaben 26 (*jod* ist zehn, *waw* sechs, *jod* zehn), was der numerischen Summe des Tetragrammatons entspricht: *jod* ist zehn, *he* fünf, *waw* sechs, *he* fünf. Somit steht das *aleph*, der verborgenste aller Buchstaben, für den unbeschreiblichen Namen, für den Ursprung, der vor dem Anfang liegt, das nicht in Erscheinung Tretende, das allen Erscheinungen innewohnt und sie erst möglich macht, die Öffnung, in welcher das Imaginäre real ist und das Reale imaginär, den Raum des Traums, in dem es keine Wirklichkeit gibt außer dem als wirklich Imaginierten. Dies, könnte man sagen, ist die ästhetische Weisheit, die von der Golem-Figur beschworen wird.

Bild **Golem**
Joshua Abarbanel, USA, 2016
Metall, Keramik, Holz, Glasfaser
228,6 x 228,6 x 50,8 cm

Anleitung zur Schaffung eines Golem

[…] wenn du den Körper machst, nennst du die Gestalt *aleph* mit ihren Buchstaben, wie ich es dir gezeigt habe. Und wenn du die Eingeweide machst, kombiniere den Buchstaben *mem*; und wenn du den Kopf machst, kombiniere die Gestalt *schin*; und wenn du den Mund machst, kombiniere den Buchstaben *bet*; für das rechte Auge die Gestalt *gimel*, für das linke Auge *he*; für die rechte Nase *kaf*, die linke Nase *pe*; das rechte Ohr *resch*; das linke Ohr *taw*; die rechte Hand *he*, die linke Hand *waw*; der rechte Fuß *sain*, der linke Fuß *chet*; die rechte Niere *tet*, die linke Niere *jod*; Leber *lamed*; Galle *nun*; Milz *samech*; Magen *ain*; Speiseröhre *zade*; Bauchnabel *kof* […]

Text Abschrift in einer Sammelhandschrift,
Anonymus, Aschkenas, Mitte 17. Jh.

Bild **Notizzettel**
Gershom Scholem
Tinte auf Papier, 14,5 x 11 cm

Golem - Rezept

Ms. Oxford 1741 fol. 148 (= ב"ק, ל"א)

17. saecul.

אם תרצה לברוא גולם אחד או
עגלא תילתא כגון רבי ורב ז"ל (!!)
שעשו זה בשבילו ממ"ה שהלינו שלום
ממתי בקרבו דקב"ה ה"ל שהסכים עמהם
שהשמאלו בכתרו של ממ"ה נשם לו
יעזרו (!!) בזואת. ובהיך הסופת לברך
עם הא"ר כולם הלום של הויה...

אהרון אהרון
אלשנבר

Golem, Sprache, Dada

Mittelalterliche jüdische Mystiker, so heißt es, arbeiteten stets zusammen, um einen Golem zu schaffen. Diesen Schöpfungsakt spiegelt die Zusammenarbeit von Rimma Gerlovina, Mark Berghash und Valeriy Gerlovin wider. In einer Kombination von Fotografie, konkreter Poesie, Performance und Körperkunst setzten sie vier einzelne Aufnahmen, die jeweils einen mit hebräischen Buchstaben bemalten Teil des menschlichen Körpers zeigen, zu einem lebensgroßen Golem zusammen. Als Gitter angeordnet wie ein Kreuzworträtsel oder eine Scrabble-Tafel, eröffnen die möglichen Lesarten dieser Komposition ein geistreiches, mehrsprachiges Spiel der Worte und Bedeutungen.

Horizontal gelesen, also die mittlere Gitterzeile von rechts nach links, ergibt sich das hebräische Wort *emet* (אמת) – „Wahrheit" – und somit eine der Zeichenkombinationen, die dazu dienen sollen, den Golem zu beleben. Die beiden blutroten Buchstaben auf der Hand der Figur fügen sich zu *met* (מת) – „Tod" –, und diese Kombination, so heißt es, macht den Golem wieder leblos. Auf der vertikalen Achse des Gitters vervielfältigen sich die Möglichkeiten. Beginnen wir beim großen schwarzen *aleph* (א), das auf der Brust prangt, und verbinden es mit den beiden Buchstaben auf dem Fußknöchel (דם), so erhalten wir *adam* (אדם) – „Mann" oder „Mensch". Die zweite Silbe des Wortes, *dam* (דם), ist aber zugleich das hebräische Wort für Blut, was wiederum durch rote Farbe akzentuiert wird. Allerdings können wir dieselbe Buchstabenfolge auch als das französische Wort *dame*, also „Frau", lesen. Nehmen wir noch den Buchstaben *mem* (מ) hinzu, der auf den Kopf der Figur gemalt ist, klingt es laut gelesen wie „*Madame*".

Dieses Gender-Spiel der Worte entspricht der Vermischung von männlicher und weiblicher Anatomie in der Figur selbst, mit ihrem zarten Frauenkopf über einer behaarten Männerbrust. Zusammengesetzt aus Teilen verschiedener Körper ruft die Gestalt einen der berühmtesten Verwandten des Golem in Erinnerung, Frankensteins Monster, wie es in der Verfilmung von Mary Shelleys Roman dargestellt wurde – auch wenn die Figur von Rimma Gerlovina, Mark Berghash und Valeriy Gerlovin weitaus hübscher ist. Die Größen- und Geschlechtsdiskrepanz der einzelnen Teile gibt ihr den Anschein, sie sei nach der Methode des *Cadavre Exquis* entstanden, die bei Dadaisten und Surrealisten beliebt war, um kollektive Werke zu schaffen und dabei das rationale Denken zu überlisten. Wir als Betrachter sind ein Teil der Zusammenarbeit, denn indem wir die Buchstabenkombination entschlüsseln, helfen wir, diesen Golem lebendig zu machen.

Text Emily D. Bilski

Bild **Golem II**
Rimma Gerlovina, Mark Berghash, Valeriy Gerlovin, USA, 1987
Chromogene Farbfotografie auf Aluminium
182,9 x 121,9 x 5,1 cm

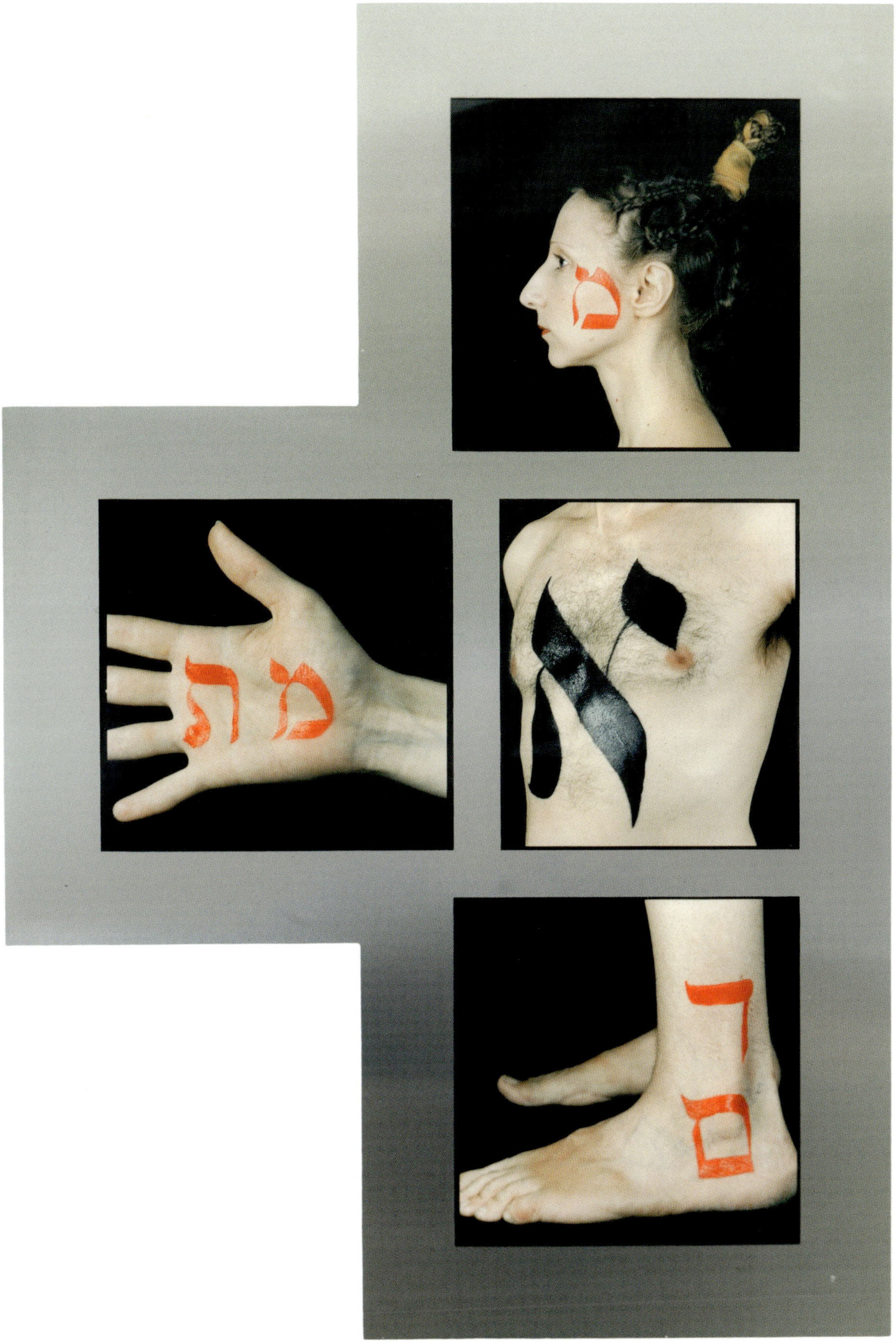
מ
מת
א
דם

Breathing Mud

Um einen Golem zu schaffen, muss man von einem oder zwei Kollegen begleitet werden. Der Golem muss aus jungfräulicher Erde gemacht werden, einem Ort entnommen, an dem die Erde niemals aufgegraben wurde. Die Erde muss mit reinem, dem Boden entnommenen Quellwasser geknetet werden. Diejenigen, die den Golem schaffen, müssen sich vor dieser Tätigkeit sowohl mental als auch körperlich vollständig reinigen. Während sie den Golem erschaffen, müssen sie saubere, weiße Kleidung tragen. Das Schaffen eines Golem verlangt einen zutiefst meditativen Zustand. Durch das Singen der entsprechenden Kombination des Heiligen Namens und den Klang der Buchstaben formt der Eingeweihte Glied um Glied ein reales, mentales Bild eines Menschen. Ist dieser konzeptuelle Golem fertiggestellt, wird die spirituelle Kraft auf eine Form aus Lehm übertragen und erweckt sie dadurch zum Leben. Das ist der Vorgang, durch den ein Golem zum Leben erweckt würde; ein Vorgang, der nicht leichtfertig durchgeführt werden sollte.

Text Lynne Avadenka, frei nach Eleasar von Worms
Biografie An den oberen Rand von „Breathing Mud" schrieb die Künstlerin Lynne Avadenka ihre freie Übersetzung der Anleitung zum Schaffen eines Golem von Eleasar von Worms (1176–1238).

Bild **Breathing Mud: The Legend of the Golem** (Künstlerbuch)
Lynne Avadenka, USA, 1999
21 x 9,5 cm

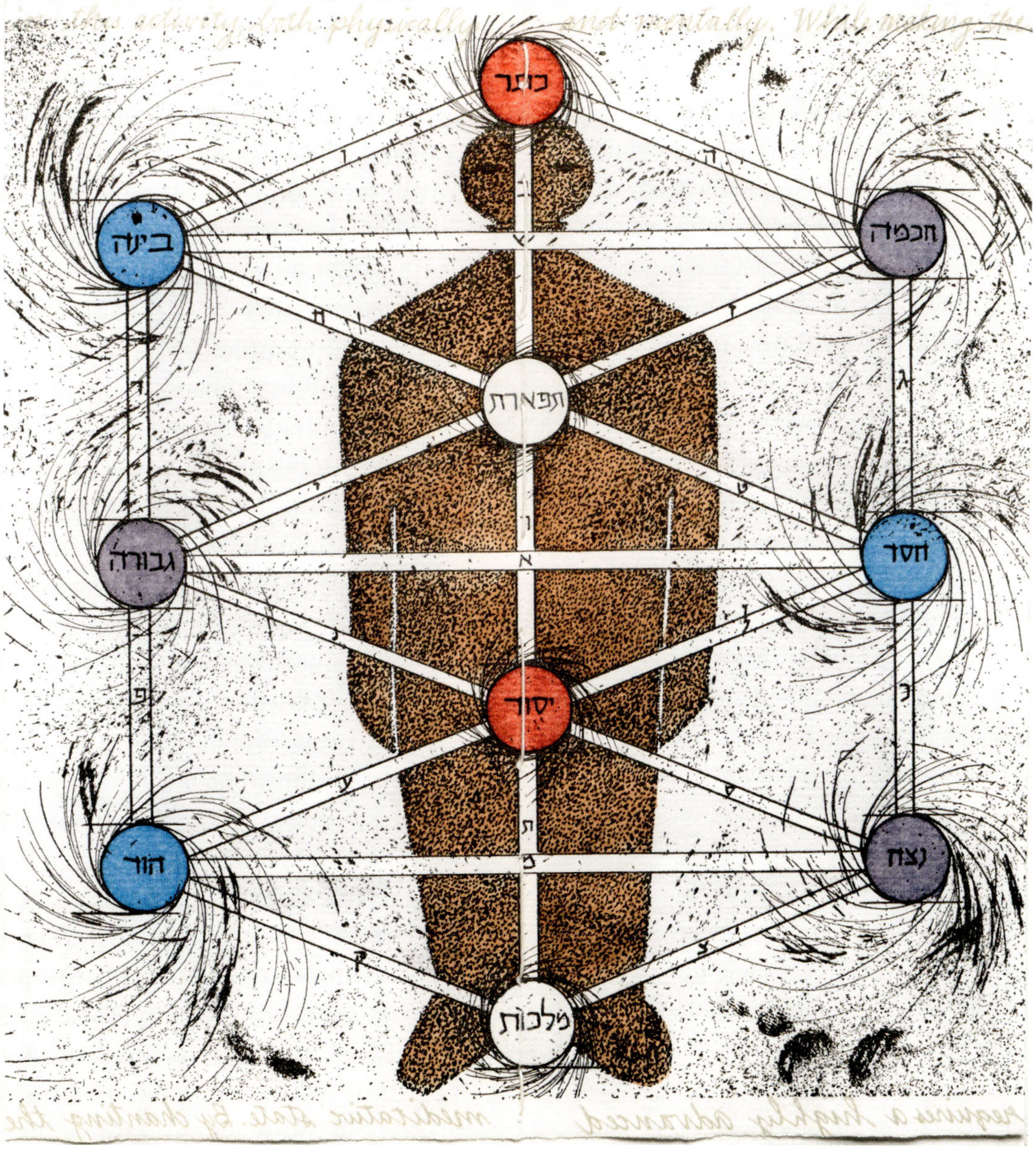
כתר
בינה
חכמה
תפארת
גבורה
חסד
יסוד
הוד
נצח
מלכות

Saadia Gaons Kommentar zum „Sefer Jezira" („Buch der Schöpfung")

Gemeinhin wird der Beginn der Überlieferung von der Erschaffung eines künstlichen Menschen bei den späten jüdischen Mystikern verortet, bei den mittelalterlichen Kabbalisten oder sogar erst beim Maharal von Prag im 16. Jahrhundert. Eine detaillierte Darstellung dieser Traditionen zur magischen Schöpfung eines Anthropoiden bietet Moshe Idels Monografie „Der Golem" von 1990. Heute jedoch wissen wir, dass jüdische Mystiker in Deutschland und Frankreich schon im Frühmittelalter, lange vor der Verbreitung der Kabbala in Spanien und der Provence, darüber grübelten, wie sich die göttliche Schöpfungskraft nutzen ließe, um solch ein Wesen zu erzeugen. Als Grundlage dienten ihnen talmudische Spekulationen sowie linguistische Verfahren, die auf das „Sefer Jezira" aus der Spätantike zurückgehen. Anders als Gott konnte der Mensch nur aus bereits existierender Materie etwas erschaffen. Daher versuchten sich die Mystiker an magischen Kombinationen von Buchstaben und Zahlen – oder vielmehr von Buchstaben der göttlichen Namen und Vokalisierungszeichen –, um unberührte Erde in einen künstlichen Menschen zu verwandeln. Die Texte bewegten sich von der theoretischen und deskriptiven Überlieferung hin zu praktischen Erörterungen und Anleitungen, wie solche Versuche anzustellen seien.

Der dem Rabbiner Saadia Gaon zugeschriebene Kommentar zum „Buch der Schöpfung" entstand vermutlich später als der berühmte Kommentar des deutschen Rabbiners Eleasar von Worms und gehört dem Textkorpus aus dem Kreis der französischen Mystiker an, die sich mit dem sogenannten „einzigartigen Cherub" befassten: einem Engel, der anstelle des göttlichen Königs auf dem Thron saß, um eine theologische Transzendenz zu wahren. Eine Studie zu dem Kommentar, die auch dessen vollständigen Text enthält, veröffentlichte Naama Ben Shachar 2015 in Los Angeles.

Auf der hier gezeigten Manuskriptseite aus dem Bestand des Jewish Theological Seminary of America in New York ist der Uroboros dargestellt. Das Wort stammt aus dem Griechischen und bezeichnet eine Schlange, die sich selbst in den Schwanz beißt. In fast identischer Ausführung erscheint der Uroboros auch im Kommentar des Eleasar von Worms. In Eleasars Schriften finden sich noch weitere Erwähnungen von Drachen, etwa in seinem Kommentar zur Klagelieder-Rabba als צורת דרקון[1] und in seinem „Kommentar zu Ezechiels Thronwagen" in der Schreibweise דרגון, in der ein frühes Jiddisch anklingt – oder auch die Hebräisierung von fremdsprachlichen Begriffen.[2]

Der Kommentar zum „Sefer Jezira", in dem Eleasar ein Bild des Uroboros vorlegt, gehört einem fünfteiligen Kompendium mit dem Titel „Sodei Razaya" an. Das älteste datierte Manuskript, das eine solche Zeichnung enthält, befindet sich in einer australischen Privatsammlung und weist erstaunliche Ähnlichkeit mit dem Manuskript in dieser Ausstellung auf. Eine moderne Version des Diagramms erscheint in der schon erwähnten, von Aaron Eisenbach besorgten Werkausgabe Eleasars im Band „Commentary on the Book of Creation".[3] Die Textstelle dazu stützt sich auf den früheren Kommentar des Rabbiners Schabbtai Donnolo.

Fußnoten

1. Siehe Aaron Eisenbach (Hg.), Commentary on the Book of Creation, Jerusalem 2006, S. 192. 2. Ez. 1, 19, hg. v. Asi Farber-Ginat und Daniel Abrams, Los Angeles 2004, S. 52. 3. Siehe Aaron Eisenbach (Hg.), Jerusalem 2006, S. 66.

Text Daniel Abrams
Biografie Daniel Abrams ist Professor für Jewish Studies am Department of Jewish Thought der Bar-Ilan-Universität.

Bild **Kommentar zum Sefer Jezira (Pseudo-Saadia-Kommentar)**
Saadia Gaon (882–942) zugeschrieben,
Abschrift in einer Sammelhandschrift,
Spanien, 14. Jahrhundert
Tinte auf Pergament, 20,7 x 15,8 x 1,8 cm

באותיותיו ועיקריו בעניין בחשבון הזה דברים כלולים דברים גדולים אולם
דבור חיצ׳ דבור שאיש דבור פי׳ שנים בדיבור אחד וזה כמה ישמעם לא ישמעם
לא ישמעם ישמעם היה אומר כל לשון שמאורן אך איט בעולם אולם מי שא׳
לו שני ויגע להבין זה הלשון פר״ס״ ואילו כוכבים בעולם חנכ״ל שצ״ם
וזה סדר ההולכים כל יום עולם כחנ״ש חל״ם לילות׳ חל״ם כחנ״ש ימים וסימנך
כ״ל ח׳ וכל אחד משמש שעה אחת וי״ב מזלות תחתיהם כי שנ׳ האומנ׳ ע׳
שיצירתי הוא העליון ולכן יצירתי תלי בתוך ז׳ הכוכבים וז׳ תוך י״ב מזלות וכן
שמנו אחד על גבי שבעה ושבעה על גבי שנים עשר׳ הז׳ כוכבים כמהלכם היום
כך מהלכם בשום אחר לבד חמה ולבנה שהם משתנים מהלך חייל אחר ומדי יום
יום כאשר יצירתי וכמו אפרשנו למה כל סדר מעשה התלי והגלגלים על תלי תלי

על כסאו כמלך
וכו׳״ פרק ה׳
שתים עשרה
אותיות פשוטות
אלו הן׳ הו״זח
ט״י ל״ן ס״ע צ״ק
יסודות ראייה
שמיעה ריחה
שיחה לעיטה
משגל מלאכה
הילוך רוגז שחוק
מחשבה שינה״
י״ב אותיות
פשוטות פר״ס
לכך נקראו פ׳
פשוטות ולא
מכפולות לפי
כשהן לכן אינן
לא רפויות ולא
רגשות ומיהו
כשיתחברו עם

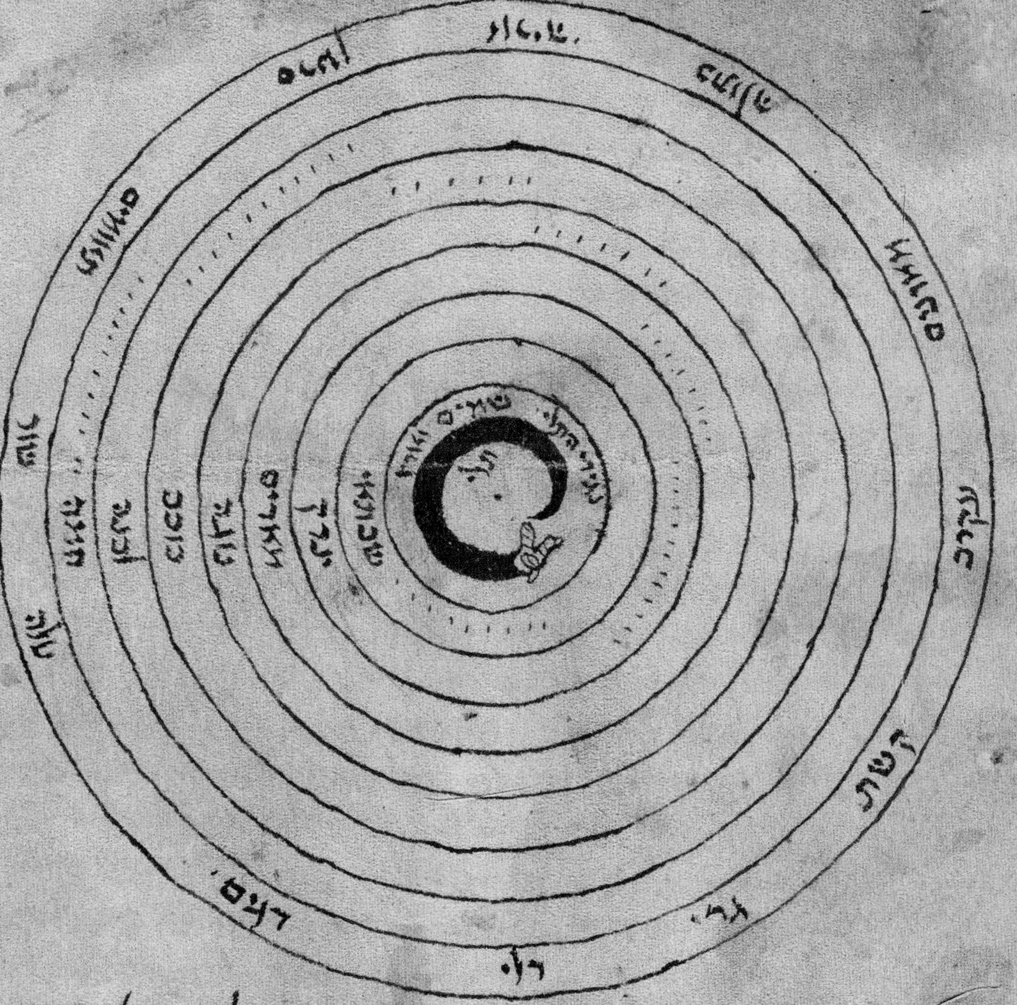

אותיות אחרות יש כהן דגשות ורפיות ועל כן יש להנה גם תמורות כמו לבנ׳
כפר״ת׳ ואילו הן תמורת של י״ב אותיות תמורת ראיה עורון׳ תמורת שמיעה
חרשות תמורת ריחה תוחרות תמורת שיחה איללות תמורת לעיטה רעבון
תמורת משגל סירוס׳ תמורת הילוך חיגרות׳ תמורת רוגז רחמים תמורת
שחוק כעס תמורת מחשבה עינה׳ תמורת ישן שמחה׳ תמורת שינה עירות״
הו״זח ט״י ל״ן ס״ע צ״ק פר׳ כנגד גליות גלות מיצרים על פי י״ב מזלות שמי״ב

Golem-Zauber

Wie kann man ein Ritual der jüdischen Mystik, das Erschaffen eines künstlichen Wesens und seine Belebung mithilfe von Buchstaben des Gottesnamens, in einem Kunstwerk einfangen? Dem Künstler David Aronson ist mit seinem Gemälde etwas Einzigartiges gelungen: die Transzendenz, Dynamik und Intensität der mystischen Erfahrung in eine künstlerische Form zu bringen, ohne deren Rätsel und Geheimnisse aufzulösen. Die mittelalterlichen Kabbalisten erschufen Golems mit dem Ziel, sich Gott anzunähern. Der Prozess stand im Zentrum der Handlung, nicht das Geschöpf selbst. Dieser Vorstellung hat Aronson in einem verdichteten Raum voller Requisiten Leben eingehaucht. Da schwebt eine Figur, wahrscheinlich Rabbi Loew, entrückt über dem liegenden Golem. Drei Zaubergehilfen tragen Amulette um den Hals. Vor ihnen liegt der verzerrte Golem in einer Kiste, man sieht der Gestalt den Prozess ihrer Schöpfung noch deutlich an. Die Füße wirken grotesk vergrößert. Über dem Golem hat ein Papagei seine bunten Flügel ausgebreitet. Eine Anspielung auf die Fähigkeit des Papageis, den Kern des Menschseins, die Sprache, nachzuahmen? Oder auf die Taube als Symbol göttlicher Präsenz in der christlichen Kunst? Alle menschlichen Figuren dieser Szene sind umrahmt von verschlüsselten Botschaften: Skizzen, Buchstabenfragmenten, einer zerrissenen Vogelzeichnung. Die Szene ist stark komprimiert, ein Augenblick nur, in dem der Golem lebendig wird. Auch der Machart des Gemäldes kommt eine besondere Bedeutung zu: Die Enkaustik, eine antike Maltechnik, die mit einer Mischung von Farbpigmenten und Heißwachs arbeitet, entfaltet eine eigentümliche Leuchtkraft und eine dreidimensionale Textur, die dem Betrachter die Prozesshaftigkeit des Werks vor Augen führt. Über die Möglichkeiten der Enkaustik sagte Aronson selbst: „Hier fand ich eine bedeutungsstarke Verbindung von Technik und Botschaft. Die leuchtenden, wachsartigen Farben gaben dem Schaffensprozess eine tiefreligiöse Bedeutung, wie das Glasfenster in einer Kirche, das dich in einen anderen Bewusstseinszustand versetzt." Der schöpferische Akt verbindet sich mit der Praxis der mittelalterlichen Kabbalisten. Ein Golem entsteht. Aus Buchstabenkombinationen oder aus Pinselstrichen.

Text Martina Lüdicke

Bild **The Golem**
David Aronson, USA, 1958
Enkaustik, 144,8 x 162,6 cm

Reaktion auf Jules Kirschenbaums „The Golem"

Der mittelalterlichen Legende nach wird der Golem aus zwei Elementen gebildet: Erde, aus der sein Körper geformt ist, und eine magische Beschwörung oder Beschriftung, welche die Form belebt. Die Vereinigung dieser beiden Elemente entspricht einer verbreiteten Auffassung dessen, was den Menschen ausmacht. Zum einen der Körper – stofflich, veränderlich, erdgebunden („Denn Staub bist du, zum Staub musst du zurück" Genesis 3:19) –, den wir mit anderen Tieren gemeinsam haben. Zum anderen die Sprache – unstofflich, symbolisch, transzendent (dem Zohar zufolge existierten die Buchstaben des hebräischen Alphabets schon vor der Erschaffung der Welt) –, die uns von allen anderen Lebewesen unterscheidet und uns einen Zugang zum Übernatürlichen ermöglicht.

Golem-Darstellungen schlagen eine Brücke zwischen der vertrauten menschlichen Gestalt und der beunruhigenden Künstlichkeit dieses Wesens. Auf unnatürlichem Weg ins Leben gezwungen, ist der Golem von Beginn an dem Untergang geweiht. Er ist eine fantastische und zugleich tragische Figur, die sowohl einen großen Wunsch als auch dessen Unerfüllbarkeit verkörpert.
In dieser Hinsicht greift der Golem das Thema einer viel früheren jüdischen Erzählung von Ehrgeiz und Scheitern auf: des Turmbaus zu Babel. Es werden die gleichen Materialien und Kräfte verwendet – die Formbarkeit der Erde und die Macht der Sprache. Golem und Turm stehen jeweils im Zentrum einer Mahngeschichte über den Menschen, der die Grenzen seiner Erfindungskraft erprobt und sich in Selbstherrlichkeit verrennt. Und beide Geschichten enden auf die gleiche Weise: Der belebenden, inspirierenden Kraft der Sprache beraubt, bleibt vom Golem wie vom Turm nur formloser Staub.
Doch ist der Sturz des Golem vorherbestimmt, so bringt seine Zerstörung die Geschichte hervor. Dieser Geschichte wiederum ist es bestimmt, neue Hörer zu fesseln und sie irgendwann anzuregen, einen weiteren Golem zu schaffen, der einmal mehr die Grenzen der menschlichen Erfindungsgabe auslotet.

Text Jeffrey Shandler
Biografie Jeffrey Shandler ist Professor für Jüdische Studien an der Rutgers University in New Jersey. Seine Schwerpunkte sind Jüdische Erinnerungskultur, Bildwissenschaft, Medien und Sprache. 2014 veröffentlichte er die Monografie „Shtetl: A Vernacular Intellectual History".

Bild **The Golem**
Jules Kirschenbaum, USA, 1999
Acryl und Vinyl auf Leinen, 182,9 x 183,2 cm

Die Ungeborenen

Mitte der achtziger Jahre habe ich einige Dinge gekauft, die gut in ein Wunderkabinett gepasst hätten: Schlangenhäute, Tierfelle, darunter ein Zebra, einen altertümlichen Zahnarzt-Behandlungsstuhl […], präparierte Kugelfische aus Japan, Diamanten – die ich dann später anlässlich eines BBC-Films wieder in einem Tunnel unter dem Ärmelkanal versenkte, verschiedene Tiere in Formol, zum Beispiel Quallen, die wunderbar anzuschauen waren, wenn man das Gehäuse drehte, und die dann wieder wie im Weltraum sanft zum Boden schwebten; Anschauungsmaterial für Schulen, zum Beispiel Landkarten, ausgestopfte Wildschweine, Füchse und andere Tiere – und ein Embryo in Formol.

Jedes Mal, wenn ich das Gefäß wieder hervorholte, war es ein Schock. Wie wenn ich selbst das Wesen wäre, das da ist, außerhalb der Zeit, noch nicht da, und doch auf eine merkwürdige Weise präsenter, als wenn es schon geboren wäre. Tief versunken in sich selbst, in einem seit Ewigkeiten dauernden Schlaf. Ich denke an den Schlaf Kundrys, aus dem sie nur mit Mühe geweckt werden kann.

Die Vitrine mit dem Embryo, ein merkwürdiges Gefäß, das uns eine Welt weit vor uns zeigt, in der wir aber in anderer Form bereits waren.
[…]
Es gibt im Gegensatz dazu die andere Seite der Ungeborenen: Onan, auf den Gott sauer ist, weil er seinen Samen in den Sand spritzte und sich so dem Auftrag Gottes widersetzte, sein Volk zu vermehren. Vielleicht hat Onan es selbst bereut, geboren worden zu sein. Der Wunsch, nicht geboren zu sein. Die große Klage der Propheten, der Aufruhr des Hiob.

Wärest Du doch besser nie geboren! Es ist alles so, als wäre es besser, nie geboren worden zu sein. Das Rückgängig-Machen der Schöpfung. Theodizee, die verunglückte Schöpfung, das Ungeschehen-Machen, die Reue Gottes, dies undankbare, gesetzesbrecherische, vertragsbrüchige Geschlecht hervorgebracht zu haben.
[…]
All die Bilder, die wir in Museen und anderswo sehen, sind Ungeborene, sind noch nicht, da sie erst im Auge des Betrachters entstehen; da sie zu jeder Zeit durch die Jahrhunderte hindurch neu gesehen werden, sich immer wieder neu bilden. Die Kunst ist verwandt mit der Geschichte, die es auch nicht als ein Fertiges gibt, die von jedem Geschichtsschreiber neu hergestellt wird.

Jeder wahre Künstler möchte an das Ungeborene heranreichen, möchte das schaffen, was es noch nicht gibt. Die Geborenen, das ist die Materie, die Ungeborenen, das ist die dunkle, nicht definierbare, nicht sichtbare Antimaterie, aus der die Künstler das ungekannte Meisterwerk heraushören wollen.

Text Anselm Kiefer
Biografie Anselm Kiefer (geb. 1945 in Donaueschingen) ist Maler und Bildhauer und gehört zu den bedeutendsten Künstlern der Gegenwart. Kiefer lebt und arbeitet in Südfrankreich. Zuletzt zeigte das Pariser Centre Pompidou die erste Retrospektive zum Werk des Künstlers. Der hier zitierte Text stammt aus einem Brief, der 2012 im Begleitband zur Ausstellung „Die Ungeborenen" in der Galerie Thaddaeus Ropac in Paris erschien.

Bild **Rabbi Löw: der Golem**
Anselm Kiefer, 1988–2012
Gips, Holz, Öl, Blei, synthetisches Harz, Stahl und Holzkohle, 95 x 95 x 58 cm

Rabi Löw : der Golem

VERWAND-
LUNG

Verwandlungsprozesse gehören zum Kern des Golem-Motivs. Der Golem selbst wurde für Künstler*innen zu einer starken Metapher für kreatives Schaffen und für das Ringen um Form, um das Lebendigmachen von unbelebter Materie. Sobald das Werk aber vollendet ist, entzieht es sich der Kontrolle der Kunstschaffenden.

Künstler*innen bedienen sich einer Vielzahl von Medien, Techniken und Stilen, um solche Verwandlungsprozesse sichtbar zu machen. So setzt Michael David sein Werk bewusst Feuer und anderen Naturgewalten aus, die seine großformatigen Arbeiten über lange Zeit hinweg immer wieder verändern. David Musgrave verwendet in seinen Golem-Arbeiten Animation und *trompe l'oeil*-Verfahren, um im Verbinden von unbearbeiteten Materialien einer neuen Gesamtheit eine Gestalt zu verleihen.

Eine der Wortbedeutungen von „Golem" im modernen Hebräisch bezeichnet etwas, das sich noch in einem embryonalen Stadium befindet. Aus diesem Kern entstehen Kunstwerke, die um den Prozess des Werdens kreisen. Einige Künstler*innen beschäftigen sich mit der Verknüpfung der hebräischen Worte für „Mann/Mensch" (אדם, *adam*) und „Erde" (אדמה, *adama*), die als Verbindung zur biblischen Schöpfungsgeschichte gelesen werden können. Dramatische Bilder entstehen, die die Verwandlung des Menschen aus Erde und das Verschmelzen mit der Materie zum Thema machen, wie zum Beispiel in Charles Simonds' Fotografien und Videoarbeiten. Auch Amos Gitais Vision der Geburt eines weiblichen Golem, dargestellt von Annie Lennox, spielt mit diesen linguistischen und visuellen Verweisen.

Die enge Verbindung von Körper und Landschaft drückt Tobi Kahn in abstrakter Sprache in seinen Gemälden aus. Seine Formen erinnern an Felsen, an Geröll, an Wasserquellen oder schwimmende Inseln; gleichzeitig werden sie zu Gesichtern, zu Augen oder Mündern, die ineinander verwoben sind. In „Otza II" erinnert die ockerfarbene Felsformation an den Finger Gottes, der einen Golem in die Welt zieht. Die formale Anspielung auf Michelangelos Darstellung der Schöpfung Adams in der Sixtinischen Kapelle vergleicht hier den Künstler als Schöpfer mit Gott, dem Schöpfer. Wie Ernst Kris und Otto Kurz in „Die Legende vom Künstler" beobachten: „Die Vorstellung aber vom Künstler, der Leben spendet, das Bildwerk durch seine Arbeit belebt, führt uns zurück zu dem Glauben an die schöpferische Macht der Gottheit, die dem Lehmgebilde Atem und Leben einhaucht."

Text Emily D. Bilski

Psalm 139: 15–16

Mein Kern war dir nicht verhohlen, als ich wurde gemacht im Verborgnen, bunt–gewirkt im untersten Erdreich, meinen Knäul sahn deine Augen, und in dein Buch waren all sie geschrieben, die Tage, die einst würden gebildet, als aber war nicht einer von ihnen.

Bild **The Golem**
Mira Maylor, Israel, 2015
Glas, Edelstahl, 100 x 80 cm

Rituale

Charles Simonds' *Birth* (1970), ein Ritual, das der Künstler in einer Lehmgrube in New Jersey vollzog, wurde sowohl auf zehn Farbfotografien dokumentiert, die einer Sequenz aus Filmstills ähneln, als auch auf einem eigenen kurzen Film. Die Fotos bieten den genaueren Blick, doch der Film, an einem wolkenverhangenen Tag gedreht, hat eine aufwühlendere Wirkung: Wie aus dem Geburtskanal sieht man Simonds' Körper langsam hervorbrechen, durch eine Öffnung, die man für eine riesige Vagina halten kann. Als der Körper sichtbar wird und beginnt, gegen die Erde zu stoßen, um sich zu erheben, kommt wundersam die Sonne zum Vorschein und taucht die Szene in goldenes Licht.
Noch zwei weitere Rituale von Simonds aus derselben Phase – *Landscape ⟷ Body ⟷ Dwelling* (1970) und *Body ⟷ Earth* (1971) – wurden auf 16-Millimeter-Farbfilm gefilmt, und jeweils in den Jahren 1973 und 1974 wiederholt; Rudy Burckhardt führte dabei die Kamera.

Obgleich derart im Bild dokumentiert, handelte es sich nicht um Performances, sondern um Erlebnisse, die der Künstler für sich selbst schuf. Sein Ziel, so erklärte er, sei es, „mich selbst erfahren zu lassen, was ich glaube oder denke [...]. Es ist wie das Nachspielen von etwas, das ich fühle [...] und dadurch auf eine ganz sinnliche Weise zurückerhalte."[1]
Diese existenzielle Dimension seines Werks geht mit eindringlichen psychologischen Assoziationen einher. Simonds erklärt sich unabhängig von Familienbanden und bezeichnet zugleich seinen eigenen Status als den eines „Heimatlosen". Von diesem Punkt an besteht der emotionale Antrieb seiner Arbeit darin, wie er es formuliert, „Heimat zu schaffen" – für seine berühmten *Little People*, aber ebenso für sich selbst. Die existenzielle und die psychologische Dimension verschmelzen, indem „Heimat" die Form von „Behausungen" annimmt.
Beim Betrachten der Filme faszinieren nicht nur die intim-experimentellen Aspekte von Simonds' Arbeiten, sondern auch die archetypischen Anklänge: Der „weiche, nasse, pinkfarbene, klebrige Lehm", wie Simonds sagt, ist das geschmeidige Material, aus dem Gott oder die Götter der sumerischen, jüdischen, griechischen und muslimischen Mythologie zufolge den Menschen erschufen, und aus dem Rabbi Loew den Golem formte.

Wie die Titel dieser Arbeiten mit ihren vorwärts und rückwärts weisenden Pfeilen nahelegen, ist Simonds' Kunst zyklisch und reflexiv. Nach einer rituellen Wiedergeburt wird der Künstler selbst zur Erde, auf welcher die Behausungen der *Little People* zu erscheinen beginnen.
Im Film *Body ⟷ Earth* (1974) sehen wir eine urtümliche Landschaft von schwer einschätzbaren Ausmaßen, gefolgt von Nahaufnahmen, in denen sich lehmbedeckter Körper und Schlamm kaum voneinander unterscheiden lassen. Doch es ist Burckhardts 16-Minüter *Landscape ⟷ Body ⟷ Dwelling* (1973), der den Künstler am effektvollsten als Gott inszeniert: wie er zugleich aus sich selbst und außerhalb seiner selbst eine Welt erschafft, so wie es die Kabbalisten von Gott, dem Schöpfer, annahmen.

Fußnote
1. Charles Simonds im Gespräch mit Christopher Lyon, 31. Juli 2012, Archives of American Art, Smithsonian Institution.

Text Christopher Lyon
Biografie Christopher Lyon ist Schriftsteller und lebt in Brooklyn. Für das amerikanische Magazin *Bookforum* schreibt er die Kolumne „Artful Volumes". Er ist Inhaber des Verlages Lyon Artbooks. 2010 erschien seine Kunstmonographie „Nancy Spero: The Work".

Bild **Birth** (Filmstill)
Charles Simonds, USA, 1970
38,5 x 250 cm

Figur-Grund: Jana Sterbaks „Golem: Objects as Sensations"

Die sieben am Boden liegenden Elemente bilden eine mehr oder weniger gerade lange Linie, die auf einen Viertelkreis aus acht gleichen Formen stößt. Fast unmittelbar erkennt man eine Figur, eine stilisierte Darstellung, die einem fremden Kulturkreis entnommen scheint, Fetisch, Feldzeichen oder Fruchtbarkeitsgott, ausgegraben aus einer bisher unbekannten historischen Schicht.

Die kanadische Künstlerin Jana Sterbak hat mit der Arbeit „Golem: Objects as Sensations" ihrer Heimatstadt Prag Referenz erwiesen. Zentraler als die vollendete magische Figur des Golem sind ihre Fragmente, ihre Organe, die als Objekte des künstlerischen Schöpfungsmythos die installative Komposition bestimmen: Magen, Milz, Hand, Herz, Kehle, Penis und eine Zunge (unter der in der Legende der den Golem aktivierende Zettel mit dem *schem*, dem Namen Gottes, liegt). Organe stehen ebenso wie die verschiedenen Metalle Bronze und Blei in der Alchemie für unterschiedliche Temperamente, die mit Planeten verbunden sind, und tatsächlich erinnert die Konstellation auf dem Boden an ein Sternbild. Die Golem-Legende, die im 16. Jahrhundert angesiedelt ist, und die Alchemie, die ebenfalls in Prag unter Rudolf II. eine Blüte erlebte, bilden zentrale Ausgangspunkte dieser Arbeit. Jana Sterbaks Interesse am Körper als ferngesteuertes, kontrolliertes Gebilde zeigt sich in ihrer Arbeit „I Want You to Feel the Way I Do" (1985), einem Kleid aus Maschendraht, in das glühender Nickeldraht eingewebt ist, oder in „Remote Control" (1989), einem metallenen Reifrock, dessen Trägerin sich mithilfe einer von einem Mann bedienten Fernsteuerung bewegt. Käfige bilden in Sterbaks Werk den Körper begrenzende Kleider, ein Echo aus der Zeit des Prager Frühlings und der beginnenden Frauenbewegung. 1991 schuf Sterbak ihre bekannteste Skulptur, „Flesh Dress for an Albino Anorectic", ein Kleid, das sie aus 50 Stücken Fleisch, genauer: rohem Lendensteak, nähte und trug. Das fast noch blutende Fleisch über der nackten Haut spiegelte das Innere der Trägerin sowohl im körperlichen als auch im psychischen Sinne. Und wieder verweist das Material auf eine andere Realität, auf Vanitas und Verletzlichkeit. Das Zerstückeln und Verspeisen von rohem Fleisch bildet ein zentrales Element von Schöpfungsmythen aus allen Zeiten und führt uns zurück zu „Golem: Objects as Sensations". Diese Arbeit, die die eigene Objekthaftigkeit betont, steht in einer bildhauerischen Tradition, die von Alina Szapocznikow über Eva Kmentová bis hin zu Mária Bartuszová reicht. Die experimentelle Handhabung des Materials, die Hand als Formwerkzeug, das Abgießen von Körperteilen und das Interesse an Fragment und Körperlichkeit verweisen nicht nur auf einen männlich besetzten Kreationsmythos, sondern blicken auch auf eine Weiterführung feministischer künstlerischer Ansätze (nicht nur) in Prag.

Text Rita Kersting
Biografie Rita Kersting ist seit 2012 Landeau Family Curator for Contemporary Art im Israel Museum Jerusalem. Zuvor war sie Direktorin des Kunstvereins für die Rheinlande und Westfalen in Düsseldorf und arbeitete als Kuratorin in Krefeld.

Bild **Golem: Objects as Sensations**
Jana Sterbak, USA, 1979–1982
Mixed Media, Bronze, Gummi, Blei, Silbergelatine-Abzug, ca. 560 x 560 cm

Amos Gitai: Einen Golem gebären

In seiner Trilogie *Naissance d'un Golem* (Geburt eines Golem, 1990), *Golem, l'esprit de l'exil* (Golem, der Geist des Exils, 1992) und *Golem, le jardin pétrifié* (Golem, der versteinerte Garten, 1993) interpretiert Amos Gitai den Golem-Mythos in Form einer filmischen und musikalischen Träumerei. Er geht dabei assoziativ und tastend vor, nach einem Prinzip permanenter Verflechtung und Überlagerung: Bilder, Sprachen, Gesang, Musik, Länder, Kulturen, heilige Schriften, Epochen und Filmgenres vermischen sich unablässig und bilden eine Vielzahl von Schichten und Sedimenten, aus denen nach und nach jener neue Golem geboren wird, als den Gitai seine Filme sieht.

Wie er in seinem *artist statement* schreibt, lautet die Frage, die sich in diesem Werk stellt, ob ein Film – gleich einem Golem – aus einer formlosen Masse von Material lebendig werden kann: Kann ihm ein göttliches Wort, das berühmte *schem*, Atem einhauchen? Kann er sich seinem Schöpfer entziehen? Die Filme sind ein Experiment, ob man aus dem Golem einen Film und aus dem Film einen Golem machen kann. Diese Fragestellung wird durch die extrem offene und zersplitterte narrative Struktur der Filme getragen, die, wie Gitai sagt, vom kabbalistischen Prinzip inspiriert sei, dass jedes Wort einen Zahlenwert besitzt und dementsprechend durch ein anderes Wort mit dem gleichen Zahlenwert ersetzt werden kann. Wie in einer Rhapsodie konnte er somit in seinen Filmen ein System von austauschbaren Motiven und Situationen einsetzen.

Gitai verarbeitet in seinem *Golem* zudem Themen, die ihm am Herzen liegen. In erster Linie stellen die Filme mithilfe von wiederkehrenden, in fahrenden Zügen und Autos gedrehten Einstellungen eine Meditation über das Reisen dar. Ein Reisen, das man auch mit dem Exil in Verbindung bringt, denn Gitai macht seinen Golem zu einem Geist, dessen Aufgabe es ist, die Exilanten und Heimatlosen der ganzen Welt zu beschützen. Darüber hinaus spukt der Niedergang der sowjetischen Ideologie durch den gesamten Filmzyklus: In seiner charakteristischen Ambivalenz kann der Golem zum monströsen Götzenbild werden, wie es die Nahaufnahmen der monumentalen Skulpturen von Stalin und Lenin nahelegen, deren Anblick uns selbst versteinern lässt. Zu diesen Relikten entzauberter Utopien zählt auch die Stadt Birobidschan, auf die Gitai immer wieder zurückkommt. Ihnen stellt er jedoch seinen Glauben an ein mögliches Einvernehmen zwischen den Kulturen entgegen: Dem Turm von Babel soll ein sagenhafter, wundertätiger Turm der Musik folgen, erschaffen von einem Golem, der sämtliche Klänge der Erde harmonisch miteinander verbindet. Dieses Bestreben verkörpert in den Filmen vor allem die eindringliche Präsenz des Eiffelturms, Symbol der Stadt des Lichts.

Ursprünglich hatte Gitai übrigens vor, aus dem Golem ein Wesen zu machen, dessen Aufgabe es ist, sämtliche Klänge der Erde zu sammeln. Der Filmemacher preist in seiner Trilogie zudem die schöpferische Kraft der Musik, eines Ur-Rhythmus, der fähig ist, Leben zu schenken und den jeder Mensch in seinem Gedächtnis trägt und einsetzen kann, um, ebenso spontan wie intuitiv, musikalische Golems zu erschaffen.

Text Ada Ackerman
Biografie Ada Ackerman ist Kunsthistorikerin und Forscherin am Centre national de la recherche scientifique. Als Expertin für Sergej Eisenstein forscht sie über kulturelle Kreisläufe zwischen Russland und Europa sowie über Beziehungen zwischen den Künsten. 2013 veröffentlichte sie „Eisenstein et Daumier. Des affinités électives" („Eisenstein und Daumier. Wahlverwandtschaften"). Derzeit kuratiert sie eine Ausstellung über den Golem am Musée d'Art et d'Histoire du Judaïsme in Paris.

Bild **Naissance d'un Golem** (Filmstill)
Regie/Drehbuch: Amos Gitai
Israel, Frankreich, 1990

Dies veranschaulicht in *Naissance d'un Golem* die Zusammenarbeit zwischen Gitai und Annie Lennox in der Rolle des Golem. Und schließlich feiert die Trilogie auch die Macht der Kunst, indem sie eine Geschichte in ihr Zentrum stellt, die das traditionell mit der jüdischen Kultur in Verbindung gebrachte Verbot, sich ein Bildnis von Gott zu machen, in Abrede stellt. Gitai beschreibt dies in seinen Vorarbeiten für die Filme, in denen er den Lehmgolem und Moses, Zerstörer der Götzenbilder, einander dialektisch gegenüberstellt.

New York, 2015

All artists are golem makers.

Zitat Tobi Kahn
Biografie Tobi Kahn ist Maler und Bildhauer und lebt in den USA. Seine neueren Werke spiegeln seine Faszination für die modernen Naturwissenschaften wider. So dienen ihm Mikroaufnahmen von Zellformationen sowie Satellitenbilder als Inspirationsquelle. Der zitierte Ausspruch stammt aus einem Gespräch der Kuratorin Emily D. Bilski mit dem Künstler.

Bild **Otza II**
Tobi Kahn, USA, 1987
Acryl auf Leinwand über Holz
180,3 x 149,9 cm

In Erwiderung zu Tobi Kahns Bildern

Golem/גולם
Gib mir einen Erlöser. Gib mir einen Papa, der größer ist als das Leben. Oder eine Mama, die mir vom Balkon aus zuwinkt.

Gib mir jemanden, den ich erzeuge, um über mich zu herrschen.

Lasst uns ihn salben. Oder ihn wählen. Lasst uns sie aus dem Nichts machen und über alles ernennen.

Wir werden sie beide erheben – ihn majestätisch nennen und sie prachtvoll.

„Aber das Volk verweigerte sich, auf Samuels Stimme zu hören, und rief: Nichts da! Einen König wollen wir haben, damit wir allen andern Völkern gleichen, und unser König soll uns Recht sprechen und unser Anführer sein und unsere Kriege führen!"

Die Fähigkeit, frei zu entscheiden, ist der erschreckendste aller Golems.

Emet/אמת
Wie kann Vergänglichkeit die Pracht des Unendlichen freigeben?

Wir gestalten unsere Entschlossenheit, unendlich zu sein, aus Licht und Schriftzeichen, obgleich wir wandelbar sind. Wir sind Deine endlichen Wesen, aus Dir sind wir unendlich gemacht. Du hast uns mit Leben erfüllt, gabst uns Gestalt, setztest uns ins Paradies, verliehest uns Hoheit über alles Lebende, sodass, Strich und Silbe, Pinsel und Papier, wir Dir Dank sagen, Dich ersuchen und Dich loben können.

Möge das Werk meiner Hände fortdauern, wenn ich Staub bin, sich über alle Maßen ausdehnen, grenzenlos wie die Barmherzigkeit, Scharen zerschmetternd.

„Setze mich wie ein Siegel auf dein Herz und wie ein Siegel auf deinen Arm. Denn Liebe ist stark wie der Tod."

Die Fähigkeit, frei zu entscheiden, ist die frohlockendste aller Wahrheiten.

Text Nessa Rapoport
Biografie Nessa Rapoport ist die Autorin des Romans „Preparing for Sabbath", der Sammlung von Prosagedichten „A Woman's Book of Grieving", und der Memoiren „House on the River: A Summer Journey". Ihre Meditationen sind Teil der Publikationen „Objects of the Spirit: Ritual and the Art of Tobi Kahn", „Tobi Kahn: Sacred Spaces for the 21st Century" und „Embodied Light: 9-11 in 2011".

Bilder **Yganh**
Tobi Kahn, USA, 1991
Acryl auf Leinwand über Holz
177,8 x 60,96 x 5 cm

Zawah
Tobi Kahn, USA, 1989
Acryl auf Holzfaserplatte
81,2 x 30,4 x 5 cm

Crisálidas (Schmetterlingspuppen)

Die Darstellung durch verschiedene Arten von Puppen ist dem Menschen seit Anbeginn der Geschichte eigen.

Schon immer haben wir unsere Sehnsüchte, Ideale und Wünsche auf Puppen projiziert, aber auch unsere Phobien und dunkelsten Ängste auf sie übertragen; oder gar uns selbst in ihnen repräsentiert.

Vielleicht liegt dies daran, dass die Puppe ein Objekt ist, das wir uns in der Kindheit zu eigen machen und emotional aufladen. Vielleicht ist uns Menschen die Puppe deshalb näher als eine Skulptur es jemals sein könnte, mag sie noch so gelungen oder realistisch sein.

Es gibt unzählige Beispiele von Wesen/Puppen, die den Raum der Kindheit verlassen haben und zur Inspiration für Künstler, Schriftsteller, Dichter und Cineasten geworden sind, zu einem wirkungsmächtigen Medium.

Ein besonders eindrückliches Beispiel, das schon viele Künstler in den Bann gezogen und auch mich immer fasziniert hat, ist die Legende vom Golem. Konkret interessiert mich daran die Balance zwischen zwei entgegengesetzten Ideen: der Konstruktion und gleichzeitigen Destruktion eines künstlichen Wesens; die Dualität zwischen der Figur des Helden und des Antihelden, die darin zum Ausdruck kommt.

Wenn wir die Figur des Golem als „künstliches Wesen" oder *homo artificialis* analysieren, stellen wir fest, dass sie genau an der Grenze zwischen Puppe und Mensch situiert ist. Ich denke diese Dualität gerne als kleinen Limbus, in dem alle Vorstellungen in der Schwebe bleiben, in der Balance zwischen manchmal gegensätzlichen, manchmal sich ergänzenden Teilen.

Als ich die Arbeit an der Installation „Crisálidas" aufnahm, war ich mir der Tatsache sehr bewusst, dass diese Dualität in der Natur der Schmetterlingspuppe angelegt ist. Sie ist nichts anderes als ein Übergang zwischen zwei Seinszuständen: dem der Larve und dem des Schmetterlings. Sie ist eine Phase des Wartens, der Ruhe, lässt sich verstehen als ein Moment, in dem man weder ganz lebt noch ganz tot ist, als eine Art Schlaf, ähnlich dem des Prä-Roboters aus Lehm, bevor der Rabbi ihm neues Leben einhaucht, ihn mit einer Beschwörungsformel aktiviert oder deaktiviert.

„Crisálidas" entstand auch dank eines anderen Bezugs: dem zu einem Spielzeug aus meiner Kindheit, einem Stoffpüppchen namens Gusiluz, das in den 1980er Jahren in Spanien produziert wurde. Es handelt sich dabei um einen Wurm mit menschlichen Zügen, dessen Gesicht in der Nacht leuchtete, womit er die gleiche Funktion erfüllte wie die Sorgenpuppen aus Guatemala, die Kindern in den Schlaf verhelfen und ihnen die Angst vor der Dunkelheit nehmen sollen.

Wie der Golem beschützen diese Wächter der Nacht die Wesen in ihrer Umgebung, wenn sie am verletzlichsten sind, und so bewegen auch sie sich in der Sphäre der Dualität, an der Grenze zwischen dem Monströsen und dem Heroischen, dem Belebten und dem Unbelebten, dem Lebendigen und dem Toten.

Text Jorge Gil
Biografie Jorge Gil ist Künstler und lebt in Spanien. Seine Skulpturen und Installationen greifen verschiedenste Aspekte des Menschseins auf, wie Identität und Individualität, Verletzlichkeit und Verlust und kulminieren so in der Frage, was es eigentlich bedeutet, ein Mensch zu sein. Seine Mittel der Darstellung sind dabei vorzugsweise Puppen, Marionetten, Mannequins, Automaten und Silhouetten, die das Subjekt substituieren.

Bild **Crisálidas**
Jorge Gil, Spanien, 2009
Mischtechnik, Kunstharz, Nylon, Plüsch
60 x 50 x 35 cm (Einzelteile)

Der Golem, der ein gutes Ende nahm

Über einen Zeitraum von fast vier Jahrzehnten ist Michael David immer wieder auf die Golem-Legende zurückgekommen, als Thema und als Inspiration: mit einer Serie eindrucksvoller und kontroverser Leinwände in Hakenkreuzform, mit Selbstporträts, mit fotografischen Arbeiten und mit Mixed-Media-Werken, die die Grenzen der Malerei ausloten. Der Gebrauch der Enkaustik – einer Maltechnik, bei der Farbpigmente mit heißem Bienenwachs gemischt werden – wurde zu einem Markenzeichen seiner Kunst. Er sieht in dieser Methode eine Analogie zur legendären Erschaffung des Golem aus Wachs, Erde, Lehm und Feuer. Dabei erwies sich die Enkaustik für den Künstler selbst als Golem: Er vergiftete sich an Gasen, die beim Erhitzungsvorgang entstanden, und war danach teilweise gelähmt. Dank intensiver Reha-Maßnahmen konnte er einige Zeit später wieder malen, doch eine gewisse Beeinträchtigung bleibt. Das Schaffen von Kunst kann, ebenso wie das Schaffen von Golems, gefährlich sein, aber Künstler und Golem-Schöpfer lassen sich von dem Risiko nicht abschrecken. Das transzendierende Wesen des Kunstschaffens und der schöpferische Drang von Künstlern ähneln der Sehnsucht nach einer Verbindung mit dem Göttlichen, einer Sehnsucht, die Mystiker antreibt, Golems zu erschaffen. „A Cluster of Blessings" („Ein Bündel Segnungen") verkörpert in seiner Bildlichkeit und in seinem Entstehungsprozess gleichermaßen die transzendenten wie die zerstörerischen Aspekte der Golem-Schöpfung. Den Titel der Arbeit übernahm David aus den Schriften des buddhistischen Lehrers Nichiren Daishonin, der im Jahr 1280 in einem Brief die Erleuchtung als „den Ort des Bündels der Segnungen, wo die Buddhas und Bodhisattvas weilen" beschrieb.

Für den Holzuntergrund des Bildes fügte David ältere Arbeiten neu zusammen. Und um die belebte Oberfläche zu erzeugen, brachte er darauf ein Sammelsurium von Gegenständen an, das zehn Jahre seiner Atelierarbeit widerspiegelt; darunter leere Farbtuben, Tuch- und Kleidungsfetzen, Pinsel und Stiele sowie Blumen, die ihm seine Schülerinnen und Schüler im Lauf eines Jahres aus ihren Gärten mitbrachten. Indem er sie mit Farbe, Wachs und Harz übergoss, vereinte er diese disparaten Bestandteile.

Später setzten der Künstler und einige seiner Freunde das Bild dem Feuer aus, wobei der Brand außer Kontrolle geriet und wie ein Amok laufender Golem das Werk fast verzehrte. Zum Schluss wurde es noch ein Jahr lang in ein Feld gelegt und den Launen der Natur überlassen. Jeder dieser Vorgänge bedeutete eine Verwandlung der Materialien im Dienst der Schaffung eines Kunstwerks, das für David zugleich Golem und Anti-Golem ist, und das er als „einen Golem, der ein gutes Ende nahm" bezeichnet.

Die Segnungen, auf die der Titel hinweist, kann man als jene auffassen, die David in den Jahren seiner produktiven Arbeit zukamen, als Künstler, Lehrer und Mentor, unterstützt von einer engagierten Gemeinschaft. Zwar erinnert die versengte Oberfläche des Bildes an den Tod, doch wie bei einem Waldbrand, der den Weg für neue Generationen von Bäumen frei macht, blitzen in den Flecken leuchtender Gelb- und Orange-

Text Emily D. Bilski

Bild **A Cluster of Blessings** (Detail)
Michael David, USA, 2008–2015
Öl, Wachs, Harz, Erde, Draht, Blumen, Holz, 182,88 x 243,84 cm

töne Anzeichen einer Wiedergeburt auf. Thema und Schaffensprozess sind hier vereint. Davids Arbeit ist – wie die Geschichte des Golem – eine leibhaftige Transformation. „A Cluster of Blessings" wurde aus Materialen erschaffen, die von Feuer und Natur verwandelt wurden, letztlich aber entstand es durch die Hand, das Auge und den Geist des Künstlers.

Über den Golem

Meine Spielzeuge waren nicht alle gleich. Eines von ihnen hatte ein Bewusstsein und vermittelte zwischen mir und all den anderen. Bestimmte Spielzeuge, die ich gerne gehabt hätte, die aber unerschwinglich waren (ein sechsbeiniges Monster, das laufen konnte; ein Roboterfahrzeug), wünschte ich mir vor allem als Bestandteile der Welt dieses einen, besonderen Spielzeugs.
Es war kein zweites oder Ersatz-Ich. Es war ein eigenständiges Wesen, von mir verschieden, mit eigenem Erleben. Meine Rolle bestand darin, für diese Kreatur die bestmöglichen Erlebnisse zu schaffen. Ich hatte das Gefühl, genau zu wissen, was für Erlebnisse das sein mussten, aber ich weiß nicht mehr, woher dieses Wissen kam. Man könnte mein Bewusstsein dafür vielleicht als grundlegendes Netzwerk beschreiben, das an zwei Orten zugleich angesiedelt war. Das privilegierte Spielzeug war darin ein Mittler zwischen einer gegenständlichen Welt, die aus und für Objekte bestand, und meiner davon grundsätzlich unterschiedenen menschlichen Wahrnehmung.

Viele Jahre später, an der Kunsthochschule, stieß ich in Richard Kearneys Buch „The Wake of Imagination" auf eine Analyse der Golem-Legende. Der Mythos schien mir in seiner Struktur sofort vertraut, doch wurde er hier aus einer kritischen Distanz betrachtet, die mir half, ihn neu zu begreifen. Das dürfte der Moment gewesen sein, in dem sich die Idee des Golem für mich zu einem Thema fügte, das meine künstlerische Arbeit seit mindestens zwanzig Jahren durchzieht und prägt.
Mitte der 1990er verfolgten mich am College die Diskussionen, die den Gegenstand in der Kunst auf eine Ware reduzierten, und die letztendlich auf Praktiken der relationalen Ästhetik und auf kuratorische Ansätze hinausliefen. Gegenständliches war erlaubt, solange die Objekte als Kennzeichen konzeptueller Bewegungen dienten. Es mag nicht zu Ende gedacht sein, aber der Golem-Mythos war für mich ein Weg, die Spannung zwischen Material, Narrativ und Vorstellung in einer vollständigen, wenn auch unruhigen Form zu halten: ein Weg, an den *Dingen* festzuhalten – trotz der Gerüchte, ihre Zeit sei abgelaufen.

Beim Erschaffen eines Golem – was für mich heißt, etwas aus einem Material herauszukitzeln, das mehr ist als bloß eine vage menschliche Form, aber weniger als die überzeugende Nachbildung eines Lebewesens – gibt es einen Augenblick, in dem das Material flimmert. Zugleich ist es und ist es nicht; Bild und Stoff werden zu Polen, zwischen denen ein Strom fließt. Ich glaube, dies ist Teil des menschlichen Erlebens von Schauen und Schaffen und nicht Folge einer Einbringung in den Diskurs oder irgendeines speziellen Zusammenhangs; zudem ist es charakteristisch für die Anordnungen und Begegnungen, für die der Golem-Mythos so einen schönen Rahmen bildet.
Meine Golems sind meist entweder sehr klein oder sehr groß – jeweils jenseits des Vertraut-Menschlichen. Sie dienen weder zur Verteidigung, noch haben sie irgendeine praktische Funktion. Sie gleichen eher 'pataphysischen Maschinen: Bildnisse, die als imaginäre Lösungen für reale Probleme existieren. Ich plane nicht, die Ausweitung dieses Netzwerks abzubrechen.

Text David Musgrave
Biografie David Musgrave lebt und arbeitet in London. Seine Arbeiten sind Teil öffentlicher und privater Sammlungen in der ganzen Welt, unter anderem der Tate, des MoMA und des Hammer Museums. 2015 erschien sein Roman „Unit".

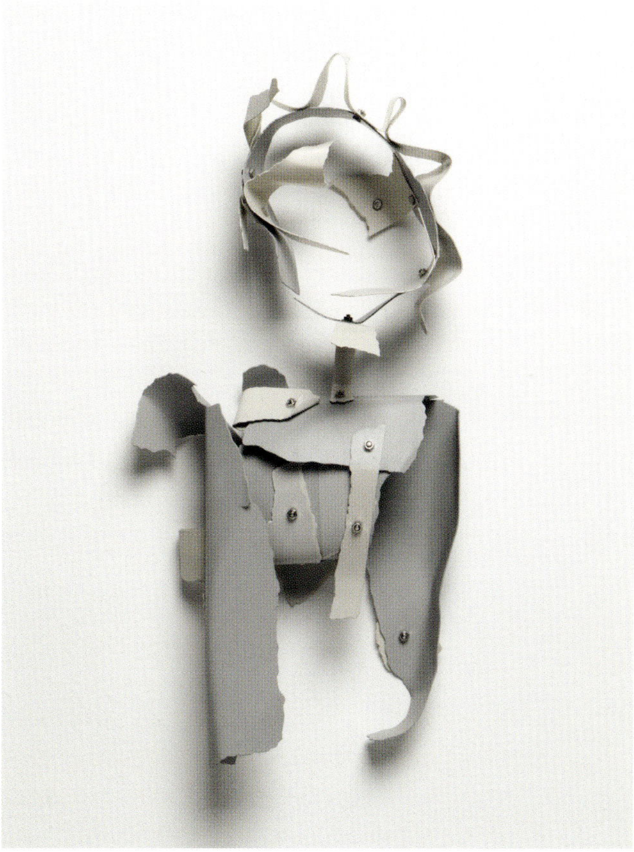

Bilder **Paper golem no. 5**
David Musgrave, Großbritannien, 2010
Aluminium, Acrylfarbe, Stahl
23 x 11,5 x 3 cm

Machinic figure
David Musgrave, Großbritannien, 2012
Aluminium, Acrylfarbe, Stahl, Nylon
42 x 19 x 10,2 cm

Louise Fishmans Farb-Golem

Louise Fishmans Gemälde fängt beides ein: den Vorgang, einen Golem zu erschaffen, und den geschaffenen Golem selbst. In dem Bild schlägt sich ihre Faszination für die physikalischen Eigenschaften von Ölfarbe nieder. Fishman vergleicht die Malerei mit der Arbeit mit feuchtem Ton und spricht davon, Farbe als plastisches Material zu verwenden. Die dick aufgespachtelten Striche schaffen eine energiegeladene Oberfläche und bringen durch diese kraftvolle Manipulation des Mediums Formen hervor, die an Präsenz und Autorität Gegenständen gleichkommen. Monatelang schabt sie ab und malt neu, bis das Bild als Gestalt hervortritt; diesen komplizierten Prozess vergleicht sie mit dem Erschaffen eines Golem.

Die Gesten der Künstlerin – ihre Arm- und Handbewegungen – spiegeln sich in der stark gerichteten Gestalt der Farbbögen wider, die die zentralen, kreisförmigen Motive umgeben und zu den Ecken der Komposition streben. Diese schwungvollen Kreisformen erinnern an die Bewegungen der mittelalterlichen Mystiker, die eine Golem-Figur aus Lehm schufen und sie dann beleben wollten, indem sie sie umkreisten und dabei Beschwörungsformeln sprachen.
In ihrer Ähnlichkeit mit Föten bieten die beiden Formen in der Bildmitte eine prägnante Visualisierung des Golem als einer Schöpfung mit ungeheurem Potenzial: eine Kreatur im Werden, die darauf wartet, dass ihre Energie entfesselt wird.

Text Emily D. Bilski

Bild **Golem**
Louise Fishman, USA, 1981
Öl auf Leinwand
81,3 x 121,9 cm

MYTHOS
PRAG

Rabbi Judah Loew ben Bezalel, der Maharal von Prag, war ein bedeutender Denker und Gelehrter seiner Zeit, hat aber vermutlich nie einen Golem erschaffen. Die Geschichte um ihn und seinen seelenlosen Gehilfen schrieb man Loew erst 200 Jahre nach seinem Tod zu. Rabbi Loew lebte im Prag des 16. Jahrhunderts, zur Zeit der Herrschaft von Rudolf II., einem vielseitig interessierten Förderer von Kunst und Wissenschaft. Rudolf II. hatte seine Residenz von Wien nach Prag verlegt und pflegte engen Kontakt zu Astronomen, Mathematikern, Kunsthandwerkern und Malern, sein besonderes Interesse galt der jüdischen Mystik. Zeugnis dieser Ideenwelt ist Rudolfs Kunst- und Wunderkammer mit Sammlungsstücken verschiedenster Art und aus aller Welt. Die Atmosphäre der Zeit, inspiriert von Magischem und Okkultem, von Alchemie und Astronomie, diente als ideale Projektionsfläche für die Konstruktion der Legende um den Golem von Prag. Mit keinem anderen Schauplatz ist die Golem-Geschichte enger verknüpft. Kein Golem-Schöpfer wurde berühmter als Rabbi Loew.

Anfang des 19. Jahrhunderts entwickelte sich die Prager Golem-Legende zu einem schillernden literarischen Motiv und zog die Aufmerksamkeit jüdischer und nichtjüdischer Autoren wie Berthold Auerbach, Leopold Weisel, Achim von Arnim oder E. T. A. Hoffmann auf sich. Doch erst Gustav Meyrinks Roman von 1915 machte den Golem-Mythos einem Massenpublikum bekannt. Das Buch wurde zu einem Klassiker der fantastischen Literatur im deutschsprachigen Raum. Die düster-magische Atmosphäre des Romans illustrierte Hugo Steiner-Prag mit seinem Lithographie-Zyklus „Der Golem – Prager Phantasien". Steiner-Prags Golem ist kein grober Riese, der mit seiner Unbeholfenheit Zerstörung anrichtet. Seine Bedrohlichkeit entsteht, wie bei Meyrink, in der Überblendung von Traumsequenz, Gespenstergeschichte und Kriminalroman – der Golem als beklemmendes Phantom, das die Hauptfigur des Romans in tiefe Verwirrung stürzt. Damit prägte Steiner-Prag das Bild einer flüchtigen, geisterhaften Golem-Gestalt, die durch die verwinkelten Gassen Prags huscht, beinahe so, als würden Stadt und Golem zu einer einzigen unheimlichen Figur verschmelzen. Der Prager Golem-Mythos aber schreibt sich bis heute fort: in den Schaufenstern der Josefstadt mit ihren Souvenirfiguren, an mythischen Orten wie dem Grab von Rabbi Loew oder mit dem Gerücht, dass sich die Überreste des Golem noch immer in der nicht zugänglichen Dachkammer der Prager Altneu-Synagoge befinden. Die Legende lebt.

Text Martina Lüdicke

Der Golem

Wenn (wie der Grieche im *Kratylos* sagt)
der Name Archetyp der Sache ist,
ist in den Lettern von *Rose* die Rose,
und im Wort *Nil* ist der gesamte Nil.

Es muß, aus Konsonanten und Vokalen,
dann auch jenen schrecklichen Namen geben,
der Gottes Wesen enthält und die Allmacht
geheim in Buchstaben und Silben birgt.

Ihn kannten Adam und die Sterne einst
im Garten, doch der Rost der Sünde ließ ihn
verwittern (sagen uns die Kabbalisten),
und die Geschlechter haben ihn verloren.

Unendlich sind die Sünden und die Unschuld
des Menschen, und so gab es einen Tag,
an dem das auserwählte Volk den Namen
in wacher Nacht des Judenviertels suchte.

Anders als andre, die nur vagen Schatten
in vager Weltgeschichte hinterließen,
ist die Erinnerung immer noch lebendig
an Juda Löw, den Rabbiner zu Prag.

Da ihn nach Gottes Wissen dürstete,
ergab sich Juda Löw Permutationen
von Zeichen, schwierigsten Variationen,
und endlich sprach er dann *Den Namen* aus,

der *Schlüssel* ist, *Tor, Echo, Wirt, Palast*
sprach ihn für ein Ding, das er ungeschickt
mit seinen Händen formte, es sie Rätsel
der Zeichen, der Zeit und des Raumes lehren.

Das Scheinbild hob die schlafestrunknen Lider
und es erblickte Farben und Gestalten,
begriff sie nicht, verloren in Geräuschen,
und furchtsam suchte es, sich zu bewegen.

Wie wir sah es sich nach und nach gefangen
in diesem Netz der tönenden Bezüge
von Vorher, Nachher, Gestern, Während, Nun
und Rechts, Links, Ich, Du, Jene, Andere.

(Der Kabbalist, der sich zum Schöpfer
aufschwang, nannte die grobe Kreatur den
Golem; diese Wahrheiten finden sich bei
Scholem, an einer Stelle seines klugen Werks.)

Der Rabbi lehrte ihn das Universum.
„Hier ist mein Fuß, da deiner, dort ein Seil",
und ihm gelang, nach Jahren, daß das Monster
recht oder schlecht die Synagoge fegte.

Vielleicht war da ein Fehler in der Schreibung
oder der Aussprache des Heiligen Namens
gewesen, denn trotz der hohen Magie
lernte der Menschenlehrling nie zu sprechen.

Die Augen, eher Hunds– als Menschenaugen,
und eher eines Dings denn eines Hundes,
verfolgten in dem ungenauen Zwielicht
der Möbel der Gemächer den Rabbiner.

Im Golem war Unheimliches und Rohes;
der Kater des Rabbiners floh vor ihm.
(Bei Scholem ist der Kater nicht erwähnt,
doch ahnte ich ihn über all die Jahre.)

Zu seinem Gott erhob er Kinderhände,
mit den Gebetsgebärden seines Gottes,
oder neigte er sich mit blödem Lächeln
in leerem morgenländischen Salaam.

Mit Zärtlichkeit sah ihn der Rabbi an,
und mit Entsetzen. „Wie (so dachte er)
konnt ich diesen elenden Sohn erzeugen,
die weise Untätigkeit so verlassen?

Text Jorge Luis Borges
Biografie Jorge Luis Borges (1899–1986) war ein argentinischer Dichter, Schriftsteller und Essayist. Sein Gedicht „Der Golem" entstand im Jahr 1958 und ist dem Gedichtband „Die zyklische Nacht: Gedichte 1934–1965" entnommen.

Bild **Altneu-Synagoge, Innenaufnahme**
Zikmund Reach, Prag, um 1900
Fotografie

Warum mußte ich der unendlichen
Reihung ein weiteres Symbol anfügen,
der in Ewigkeit fortgewirkten Menge
weitren Grund, weitre Wirkung, weitre Pein?"

In Stunden der Beklemmung und des Zwielichts
betrachtete er lange seinen Golem.
Wer weiß, was Gott empfunden haben mag,
wenn er zu Prag seinen Rabbiner sah?

Sage der Prager Juden

Der Golem.
Diese Volkssage ist oft schon von verschiedenen Schriftstellern benützt worden – und es scheint mir überflüssig, eine so bekannte Sage nochmals zu bearbeiten; damit man aber nicht glaube, ich hätte sie gar nicht gekannt, will ich sie hier nur in der Kürze anführen. Unter der Regierung Rudolph II. lebte unter den prager Juden ein Mann, Namens Bezalel Löw, wegen seiner hohen Gestalt und großen Gelehrsamkeit der hohe Rabbi Löw genannt. Dieser Rabbi war in allen Künsten und Wissenschaften sehr bewandert, besonders in der Kabbala. Vermittelst dieser Kunst konnte er Figuren, von Thon geformt oder von Holz geschnitzt, beleben, daß sie wie wirkliche Menschen alles verrichteten, was ihnen aufgetragen ward. – Solche selbstgeschaffenen Domestiken sind viel werth, sie essen nicht, sie trinken nicht und brauchen keinen Gehalt; sie arbeiten unverdrossen, man kann sie ausschelten, und sie geben keine Antwort. Der Rabbi Löw hatte sich einen solchen Diener aus Lehm gebildet, ihm den Schem (Zauberformel) in den Mund gelegt und ihn damit belebt. Dieser gemachte Knecht verrichtete alle groben Geschäfte im Hause durch die ganze Woche: Holzhacken, Wassertragen, Gassenkehren u.s.w. Am Sabbath aber mußte er ruhen, deßhalb nahm ihm der Herr den Schem aus dem Munde und machte ihn todt, ehe der Ruhetag eingegangen war. Doch geschah es einmal, daß der Rabbi dies zu thun vergaß und das Unglück war fertig. – Der Zauberknecht ward wüthend, riß die Häuser nieder, schleuderte Felsstücke umher, entwurzelte Bäume, und wirtschaftete fürchterlich in den Gassen. – Man eilte, den Rabbi davon in Kenntniß zu setzten – aber die Verlegenheit war groß. – Schon war der Sabbath da, jede Arbeit, sie sei fertigend oder zerstörend, streng untersagt – wie also den Zauber lösen? Es ging dem Rabbi mit seinem Golem, wie dem Zauberlehrling mit dem Besen in Göthe's Gedichte. Zum Glücke hatte man in der Altneu-Synagoge den Sabbath noch nicht eingeweiht, und da diese die älteste Synagoge in Prag ist, so richtet sich Alles nach ihr, und noch war's Zeit, dem tollen Burschen den Schem zu nehmen. Der Meister eilte, riß dem Golem die Zauberformel aus dem Munde – der Lehmklotz stürzte und zerfiel in Trümmer. Von diesem Auftritte geschreckt, wollte sich der Rabbi keinen so gefährlichen Knecht mehr machen. Noch heute sollen Stücke des Golems auf den Boden der Altneu-Synagoge zu sehen sein.

Text Wolf Pascheles
Biografie Wolf Pascheles (1814–1857) war ein jüdischer Schriftsteller. Zudem war er Inhaber des Verlages Pascheles und betrieb eine hebräische Buchhandlung in Prag. Die hier abgedruckte Passage gehört zur „Sage der Prager Juden“ aus „Sippurim, eine Sammlung Jüdischer Volkssagen“ von 1853.

Bild **Golem, Rabbi Loew, Kaiser Rudolf II.** und weitere Figuren als Marionetten
Martina Plag, EgoPo Classic Theater
USA, 2012
Holz, Textil, Metall, Leder und Schnur
45,7 x 12,7 cm/45,5 x 15,2 cm/53,3 x 12,7 cm

Wer kann sagen, daß er über den Golem etwas wisse? [...] Man verweist ihn ins Reich der Sage, bis sich eines Tages in den Gassen ein Ereignis voll-zieht, das ihn plötzlich wieder aufleben läßt. Und eine Zeit-lang spricht dann jeder von ihm, und die Gerüchte wachsen ins Ungeheuerliche.

Text Gustav Meyrink
Biografie Gustav Meyrink (eigentlich Gustav Meyer, 1868–1932) lebte nach der Tätigkeit als Bankier in Prag ab 1905 als freier Schriftsteller in München. Meyrinks Bücher gelten vor allem aufgrund seines bekannten Romans „Der Golem" (1915) als Klassiker der fantastischen Literatur. In sein Werk gingen mystische und kabbalistische Elemente ein; er selbst konvertierte 1927 zum Mahanja-Buddhismus.

Bild **Der Golem – Prager Phantasien**
Hugo Steiner-Prag, Leipzig, 1916
Lithografie auf Maschinenbütten, Leinen, Leder, 51 x 37 x 4,5 cm

Rabbi Loews wohlverdientes Bad

Das schwere Atmen des Rabbi Loew drang aus dem Keller. Er schwitzte stark. Seine schattenbedeckte Schöpfung schimmerte wie eine Million Glühwürmchen.
Der durchdringende Blick des Golem überzeugte den Rabbiner, dass sein geweihtes Abbild mit Verstand begabt war.
Rabbi Loews Kopf war voll von schwebenden Sefirot. Nachdem er sich die Stirn gerieben hatte, beschloss er, seine Hände und Glieder in der Wanne einzuweichen, nach Tagen und Nächten der ununterbrochenen Plackerei. Sein vollendetes Werk, der Golem, stützte den gewaltigen Kopf in beide Hände. Ein grollender Laut kam über seine halb geöffneten Lippen. Wie ein erwachter Vulkan hob und senkte sich seine Brust. Die Katze, die neben ihm geruht hatte, fauchte und verschwand.
Rabbi Loew betrachtete seine Hände. Der leuchtende Lehm, den er für die Feinarbeit am Kopf des Golem verwendet hatte, löste sich nur langsam im warmen Badewasser auf. Er lächelte zufrieden.
Die Dichte der Materie, beschworen, um aller Gewalt ein Ende zu bereiten.

Leonora Carrington war eine passionierte Leserin, und Gershom Scholems „Die jüdische Mystik in ihren Hauptströmungen" nahm einen wichtigen Platz in ihrer Bibliothek ein. Ein guter Freund von ihr war Spezialist für die Kabbala und andere mystische Themen. Jeden Nachmittag trafen sich die beiden zum Kaffee und sprachen über Gestalten wie den Golem oder den Dibbuk. Manche von Carringtons Werken sind von der Kabbala und von chassidischen Geschichten inspiriert.

Text Harold Gabriel Weisz Carrington
Biografie Harold Gabriel Weisz Carrington studierte Englische Literatur und Theaterwissenschaften; er promovierte an der Nationalen Autonomen Universität von Mexiko. Für seine Forschungen in den USA, Mexiko und Frankreich erhielt er Stipendien der Fulbright Foundation. Er veröffentlichte Gedichtbände und Publikationen zu Theaterwissenschaften, Kunstliteratur und Anthropologie; mit seiner Frau und seinem Sohn gründete er die Fundación Leonora Carrington.

Bild **El bañista (Rabbi Loew)**
Leonora Carrington, Mexiko, 2010
Bronze, 36 x 70 x 30 cm

Golem-Variationen

Buchstaben, überall hebräische Buchstaben. Sie fliegen aus einem brennenden Buch, aus der hebräischen Uhr des jüdischen Rathauses in Prag, und aus den zehn Sefirot, den geheimen Kräften des körperlosen Gottes.

Nach der jüdischen Tradition enthält ein „Buch der Schöpfung" genanntes Handbuch den Bauplan Gottes für die Erschaffung seiner Welt. Dieser Bauplan besteht aus den zehn Zahlen von eins bis zehn – die im Hebräischen auch durch Buchstaben wiedergegeben werden – und den 22 Buchstaben des hebräischen Alphabets. Besonders potent sind die Buchstaben des Tetragramms, des aus vier Konsonanten bestehenden Gottesnamens (JHWH), der nicht ausgesprochen werden kann. Gott benutzte diese Buchstaben, kombinierte sie in einem komplizierten Verfahren miteinander und schuf daraus die Welt. Jeder, so sagt das „Buch der Schöpfung", der die Buchstaben und die Kombinationsmöglichkeiten kennt, kann Gott imitieren und ebenfalls eine Welt erschaffen – oder auch nur einen Menschen, einen Golem.

Der jüdische Gott ist in seinem innersten Wesen unfassbar und unerkennbar. Er hat sich aber, in einem ersten Schöpfungsakt, in seinen zehn innergöttlichen Kräften oder Potenzen entfaltet. Diese Potenzen kommunizieren in einem dynamischen Austausch miteinander und initiieren schließlich, in mehreren Stufen, die Erschaffung der außergöttlichen Welten bis hin zur irdischen Welt des Menschen. Podwals Gott besteht selbst aus Buchstaben und konfiguriert sich als Golem – als noch unentfalteter Gott, der zu seiner eigenen Vollendung der irdischen Welt und des Menschen bedarf.

Das spätbarocke jüdische Rathaus in Prag hat zwei Uhren, eine Uhr am Glockenturm mit den üblichen römischen Zahlen auf dem Ziffernblatt und darunter am Giebel eine weitere mit hebräischen Buchstaben als Zahlen auf dem Ziffernblatt. Die Zeiger dieser Uhr drehen sich – gegen den Uhrzeigersinn, aber entsprechend dem Duktus der hebräischen Schrift – von rechts nach links. Doch diese Uhr berechnet nicht nur die Zeit: Die Buchstaben lösen sich aus ihr wie ein Bienenschwarm und erschaffen den Prager Golem, den Retter der Juden.

Das „Buch der Schöpfung" brennt, angezündet vom Judenhass der Christen. Aber es verbrennt nicht, kann nicht verbrannt werden. Die schöpfungsmächtigen Buchstaben fliegen im Feuer und Rauch davon. Kehren sie zu Gott, ihrem Ursprung, zurück? Oder werden sie an einem anderen Ort und zu einer anderen Zeit neues jüdisches Leben erschaffen?

Text Peter Schäfer

Bild Zeichnung zu „Das Geheimnis des Golem" (Elie Wiesel)
Combining Letters
Mark Podwal, USA, 1982
Tinte auf Papier, 43,2 x 35,6 cm

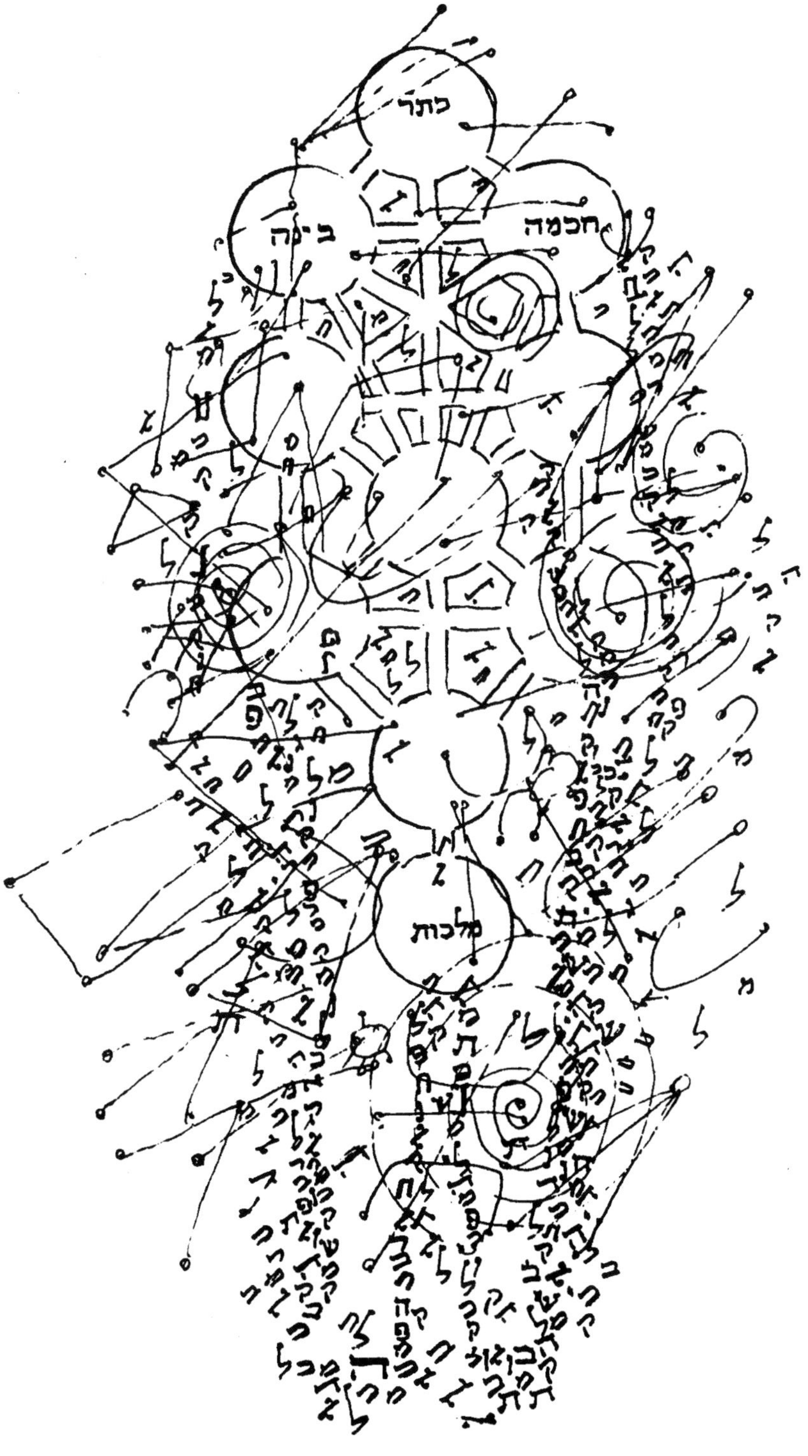
כתר
חכמה
בינה
מלכות

Bilder Zeichnungen zu „Das Geheimnis des Golem“ (Elie Wiesel)
The Dream of Rabbi Loew
Mark Podwal, USA, 1982
Tinte auf Papier, 35,4 x 28,2 cm

Burning Books
Mark Podwal, USA, 1982
Tinte auf Papier, 43,2 x 35,6 cm

mark podwal

Von Sieben unterschiedlichen Metallen gegossene Glokhlein

„Mit Figuren gezierte und von Sieben unterschiedlichen Metallen gegossene Glokhlein verferttiget, darob dem hochsternente Kai. Mt. Seeligste ain gnedigistes Content und gefallen getragen."[1] So schrieb der Goldschmied und Graveur Hans de Bull, der auch als Leibtrabant[2] am Prager Hof Rudolf II. angestellt war, über seine Arbeit, die Tischglocke Rudolfs II.

Auf der Glocke sind in einem Relief die zwölf Tierkreiszeichen sowie die vor allem in der Renaissance beliebten Darstellungen der sieben Planetengötter Mond, Merkur, Venus, Sonne, Mars, Jupiter und Saturn dargestellt. Jeder Planetengott befindet sich über einem oder zwei Tierkreiszeichen: der Mond über dem Krebs, Merkur über Zwillingen und Jungfrau, Venus über Stier und Waage, die Sonne über dem Löwen, Mars über Widder und Skorpion, Jupiter über den Fischen und dem Schützen, Saturn über Steinbock und Wassermann. Jedem Planeten sind das ihm entsprechende Symbol und ein magisches Zeichen zugeordnet. Im Inneren der Glocke befindet sich ein in griechischen und anderen Lettern geschriebener Text, am Klöppel ein aus hebräischen und hebraisierenden Buchstaben bestehender. Beide Texte sind nicht entschlüsselbar. Der Glockengriff ist ebenfalls mit magischen Zeichen versehen. Die Glocke besteht aus einer Legierung der sieben archetypischen, den Planeten zugeordneten Metalle Silber (Mond), Quecksilber (Merkur), Kupfer (Venus), Gold (Sonne), Eisen (Mars), Zinn (Jupiter) und Blei (Saturn), welche die Planetengottheiten charakterisieren. Es ist anzunehmen, dass Ikonografie und Legierung den zur Entstehungszeit bekannten Makrokosmos im Kleinen widerspiegeln. Auch ist zu vermuten, dass der Klang der Glocke die pythagoräische Schöpfungsharmonie und damit das Weltverständnis Rudolfs wiedergeben sollte.[3] Die Tatsache, dass es eine zweite Glocke gab, mag andererseits darauf hinweisen, dass beide unter verschiedenen astrologischen Gegebenheiten und damit für unterschiedliche magische Handlungen geschaffen wurden.[4]

Weil auf der Handglocke hebräische und hebraisierende Buchstaben zu sehen sind, wurde und wird sie „kabbalistisch" genannt. Der hebräische Begriff „Kabbala" ist mit „Überlieferung", „Übernahme" oder auch „Tradition" zu übersetzen und bezeichnet ursprünglich jede mündlich überlieferte Tradition im Judentum. Ziel der Kabbala ist es, die göttliche und die menschliche Welt in ihrer Beziehung zueinander zu verstehen. Der Weg, der zu diesem Ziel führt, ist die mystische Erfahrung. Als die deutschen Humanisten begannen, sich mit der hebräischen Sprache, jüdischer Textauslegung und Religionsphilosophie zu beschäftigen, erwachte auch ihr Interesse an der Kabbala. Die daraus entstehende christlich umgedeutete Kabbala entwickelte sowohl theoretische als auch praktisch-magische Lehren. Im Bereich der letzteren ist die rudolfinische Glocke zu kontextualisieren, die christlich-kabbalistisches Verständnis mit der Alchemie verband[5], in der Hoffnung, den Geheimnissen der Schöpfung näherzukommen.

Fußnoten
1. zit. nach: Beket Bukovinská/Ivo Purs, Die Tischglocke Rudolfs II., Über ihren Urheber und ihre Bedeutung, in: *Studia Rudolphina* 10 (2010), S. 91. 2. Leibwächter, die „den Fürsten zur Begleitung dienten, und also ihren Personen näher standen". Siehe: Oekonomische Encyklopädie siehe Johann Georg Krünitz, 1773–1858, Online-

Text Felicitas Heimann-Jelinek
Biografie Felicitas Heimann-Jelinek studierte Judaistik und Kunstgeschichte in Jerusalem und Wien und promovierte an der Universität Wien. Seit 1984 arbeitet sie mit dem Schwerpunkt Jüdische Kulturgeschichte in Jüdischen Museen in Europa und den USA, von 1993 bis 2011 als Chefkuratorin des Jüdischen Museums Wien. Heute ist sie als Kuratorin, Forscherin und Consultant für Museen sowie als Universitätslektorin tätig. Sie verfasste zahlreiche Publikationen zur jüdischen Kulturgeschichte und Museologie.

Bild **Alchemistische Tischglocke Kaiser Rudolf II.**
Hans de Bull, Prag, um 1600
Legierung der klassischen sieben Metalle Gold, Silber, Quecksilber, Kupfer, Eisen, Zinn, Blei; vergoldet, 7,8 x 6,3 cm

Version: www.kruenitz1.uni-trier.de/xxx/1/k103212.htm [zuletzt aufgerufen am 14.6.2016]. 3. Die Idee von einer unhörbaren *musica mundana*, einer Sphärenharmonie, geht auf die antike Vorstellung zurück, dass Gestirne und Sphären bei ihren Bewegungen um die als Mittelpunkt angenommene Erde Töne erzeugen. Die entstehende Symphonie wurde von den Pythagoräern als im Gleichklang mit den Proportionen der kosmischen Ganzheit verstanden. Rudolfs Hofmathematiker Johannes Kepler übertrug die physikalische Hypothese der Sphärenharmonie auf das heliozentrische Weltbild und war überzeugt, dass die Gesetze der Astronomie dieselben seien wie die der Musik. Vielleicht erhoffte man sich vom Einsatz der Glocke, die unhörbare *musica mundana* als irdische Kopie hörbar zu machen. Vgl. Anm. 1, S. 94. 4. Vgl. ebenda. 5. Vgl. auch Ivo Purs, The Intellectual World of Rudolf II and the Kabbalah, in: Alexandr Putík (Hg.), Path of Life. Rabbi Judah Loew ben Bezalel, Prag 2009, S. 213ff.

HORROR UND MAGIE

Als berühmteste filmische Adaption der Golem-Erzählung gilt Paul Wegeners Stummfilm *Der Golem, wie er in die Welt kam.* Wegener war vom Golem fasziniert, drei Filme widmete er dem Thema, in allen spielte er die Hauptrolle und gab der Figur damit eine unauslöschliche Gestalt. Der starke, ungelenk-roboterhafte Golem mit der markanten Frisur prägt Darstellungen in Kunst und Film bis heute. Das Kostüm entwarf der Bildhauer Rudolf Belling schon für Wegeners ersten Golem-Film von 1915, der bis auf Fragmente verschollen ist. Die Filmhandlung verlegte der Filmemacher aufgrund budgetären Drucks seitens der Produktionsfirma in die Gegenwart. Schon dieser erste Film betont die bedrohlichen Züge des Golem. Der zweite Film, eine Komödie mit dem Titel *Der Golem und die Tänzerin* von 1917, persifliert die Figur eines Schauspielers, der sich bemüht, einen Golem darzustellen. Auch dieser Film ist verschollen.

1920 gelingt Paul Wegener mit seinem dritten Golem-Film ein Meisterwerk, das den Golem buchstäblich in die Welt bringt. Wegener verwendet Motive der Erzählungen aus Chelm und Prag, collagiert sie mit Bildern des Faust-Mythos – und mit der Filmarchitektur von Hans Poelzig, die Wegener so beschreibt: „Es ist nicht Prag, was mein Freund, der Architekt Poelzig, aufgebaut hat. Sondern es ist eine Stadt-Dichtung, ein Traum, eine architektonische Paraphrase zu dem Thema Golem." Der Film gilt als Meilenstein des Horror-Genres und hat unterschiedlichste Inkarnationen des Golem oder verwandter Figuren beeinflusst: Vom Klassiker *Frankenstein* (1931) bis hin zu den Simpsons in *You gotta know when to Golem* (2006).

Einen neuartigen Golem-Typus prägte die tschechisch-französische Verwechslungskomödie *Der Kaiser und sein Bäcker* (1951) von Martin Frič. Vor allem in Prag inspirierte der klobige, organisch-massige Golem, entworfen vom tschechischen Bildhauer Jaroslav Horejc, zahllose Souvenirfiguren. Er trägt kaum noch menschliche Züge, wird er zum Leben erweckt, etwa, um in der Prager Hofbäckerei Brot zu backen, rauchen seine Augen. Um ihn zu aktivieren, braucht es keine Buchstabenkombinationen mehr, eine magische Kugel genügt. Die Figur spielt mit den Mitteln der Komödie auf die Verbindung von mythischer Golem-Gestalt und neuen Technologien an und steht in einer Reihe von Filmen, die den künstlichen Menschen, seine Schöpfung, seine Macht und seine Unkontrollierbarkeit zum Thema haben.

Text Martina Lüdicke

In Erwartung des Fürchterlichen

Golems Riesenhaupt taucht aus der Tiefe, er blickt suchend um sich, sieht die Gruppe. Steigt langsam höher und schreitet mit kindlichem Lächeln auf die Entsetzten zu [...] Golems lächelnde Gutmütigkeit verzerrt sich zur Wut. Er packt den Grafen und hebt ihn hoch, schreitet mit ihm zum Rand des Turmes, verzweifeltes Ringen. Höchste Gefahr. Verzweifelte Gegenwehr. Stellungswechsel. Im letzten Moment gelingt es dem Mädchen den Schenn [sic!] aus Golems Brust zu reissen. Golem steht mit geschlossenen Augen einen Augenblick auf dem Rand des Turmes, dann wankt er und stürzt in die Tiefe.

Text Paul Wegener
Biografie Paul Wegener (1874–1948) war ein deutscher Film- und Theaterschauspieler. Mit den Verfilmungen der Golem-Legende, bei denen er sich nicht nur als Schauspieler, sondern auch als Drehbuchautor und Regisseur betätigte, erlebte sein Filmschaffen den Höhepunkt. Der hier wiedergegebene Text stammt aus dem Drehbuch von 1914.

Bild **Drehbuch für „Der Golem“**
Paul Wegener, Berlin, 1914
Typoskript, 29,7 x 21 cm

Originalmanuskript, von Paul Wegener erhalten Sommer 1914 kurz vor Ausbruch des Krieges

Der G o l e m .

Phantastisches Filmspiel in vier Akten

von P a u l W e g e n e r u. Heinrich G a l e e n.

Paulwegener.

I. Akt.

Der Schaz des Wunder-Rabbi.

I. Man sieht ein unterirdisches Gewölbe halb verfallen. Kultgeräte Truhen, Sabbathleuchter, von dem Gerümopel halb vergraben, eine riesige Figur. Der gewaltige Kopf von Spinnweben halb überdeckt.

2.

Text: Jahrhundertjahrelange Ruhe wird gestört.

2.

Dasselbe Gewölbe, perspektivisch weiter abgerückt. Plötzlich fällt Erde und Schutt von der Decke herab, Steine lösen sich ein Spaten fährt hindurch.

3.

Aus der Vogelperspektive sieht man drei Männer auf einem Bauplatz über ein Loch gebeugt.

4.

Das Schatzgewölbe, eine Laterne wird an einem Strick herabgelassen. Lichtwechsel. Ein Mann klettert vorsichtig durch die erweiterte Oeffnung. Ein anderer folgt ihm.

Der Golem mit tanzender Kinderschar

Im Kapitel über das Ritornell in Gilles Deleuze' und Félix Guattaris „Tausend Plateaus" steht gleich zu Beginn dieses: „Für komplizierte Arbeiten wie die Gründung einer Stadt oder die Herstellung eines Golem zieht man einen Kreis, oder besser, man geht wie beim Ringelreihen der Kinder im Kreis herum, man kombiniert rhythmisierte Konsonanten und Vokale, die sowohl den inneren Kräften der Schöpfung wie den unterschiedlichen Teilen eines Organismus entsprechen. Ein Fehler in der Geschwindigkeit, im Rhythmus oder in der Harmonie wäre eine Katastrophe, denn er würde Schöpfer und die Schöpfung zerstören, indem er die Kräfte des Chaos wieder eindringen ließe."[1] Den Autoren geht es in diesem Kapitel um die Entwicklung eines Vokabulars, das erlaubt, die komplizierten Dynamiken von Erneuerung und Stabilisierung in der Kunst, aber auch in der Gesellschaft zu fassen. Wie – so fragen sie – kommt das Neue in die Welt und wie – das ist vielleicht noch komplizierter – richten wir uns in einer modernen Welt ein, die stärker von Krisen und Umwälzungen geprägt ist als von Traditionen und sich wiederholenden Zyklen. Der wiederkehrende Refrain, das Ritornell, der Ringelreihen, sind Formen, die so viel Sicherheit geben, dass man dazwischen probieren kann, das Neue zu wagen. Ob die Autoren die Filmszene mit dem Golem und den tanzenden Kindern aus Paul Wegeners und Carl Boeses Film vor Augen hatten, ist schwer zu sagen. Was aber ziemlich sicher mitschwingt, ist Paul Hindemiths Kinderoper „Wir bauen eine Stadt" von 1930. Die Kinder gründen hier eine Stadt, in der es keine Erwachsenen gibt. In der Tradition des Arbeitsliedes werden die Tätigkeiten des Bauens rhythmisiert und musikalisch begleitet: „Gibst du mir Steine, geb ich dir Sand. – Holst du mir Wasser, rühr ich den Kalk." Hindemiths Kinderoper ist in Anbetracht der im frühen 20. Jahrhundert von vielen erlebten Destruktionskraft des Technischen geradezu rührend naiv, was die Herstellung des Neuen betrifft. Die neue Stadt der Kinder „soll die allerschönste sein" und Einwohner*innen aus aller Welt beherbergen. *Der Golem, wie er in die Welt kam* inszeniert in allem das Gegenteil: den Horror der Verselbstständigung der menschlichen Schöpfungen, die Bedrohtheit und Verschlossenheit des Ghettos, (konfessionelle) Differenz als unüberbrückbares Problem. Und dennoch, endet der Film nicht auf einer hoffnungsvollen Note, eben weil eine zärtliche Geste – ein kleines Mädchen entfernt aus reiner Neugierde den Stern von der Brust des Golem – eine Wendung herbeiführt? Zumindest scheint die Möglichkeit eines friedlichen Lebens außerhalb des Ghettos und der Kontrollierbarkeit von Technik auf, wenn die Kinder auf und mit dem ruhenden Golem spielen. Mehr Optimismus war 1920 nicht zu haben. Völlig zu Recht.

Fußnote

1. Gilles Deleuze/Félix Guattari, Tausend Plateaus. Kapitalismus und Schizophrenie, Berlin 1993, S. 423.

Text Karin Harrasser
Biografie Karin Harrasser ist Professorin für Kulturwissenschaft an der Kunstuniversität Linz. In den letzten Jahren hat sie an einer Kultur- und Theoriegeschichte der Prothese gearbeitet. 2014 habilitierte sie sich zu dem Thema „Prothesen. Figuren einer lädierten Moderne". Gemeinsam mit Elisabeth Timm gibt sie die *Zeitschrift für Kulturwissenschaften* heraus.

Bild **Der Golem, wie er in die Welt kam** (Filmstill)
Regie: Paul Wegener/Carl Boese
Drehbuch: Paul Wegener/Henrik Galeen
Deutschland, 1920
Fotografie, 24 x 30 cm

Der Golem und Mirjam

Monstren fungierten seit dem Mittelalter als Warnzeichen gegen die Sünde; in der Neuzeit werden sie zum Symbol der Andersartigkeit. Auch in Wegeners Film verkörpert der Golem multiple Grenzüberschreitungen im Sinne von Ethnizität, Sexualität und Geschlecht. So wie auch andere künstliche Wesen im Film der Weimarer Republik steht der Golem in Wegeners Film für eine alternative Form der Männlichkeit, d. h. für einen „Neuen Mann" als Gegenstück zur sexuell selbstbestimmten „Neuen Frau", die uns in Mirjam, der Tochter Rabbi Loews, begegnet. Mirjam repräsentiert demzufolge die negativ überzeichnete Figur der jüdischen *Femme fatale*, die seit der Jahrhundertwende die Stereotype von Frauen und Juden in sich vereinte.

Wegeners Golem selbst verkörpert das ebenfalls um die Jahrhundertwende entstandene Konzept des „Muskeljuden". Dieser neue jüdische Kämpfertypus, den der Frühzionismus als Gegenbild zum antisemitischen Klischee des feminisierten „Ghettojuden" imaginierte, sollte sein Volk verteidigen können und gleichzeitig das Land urbar machen. Der Typ des schwächlichen „Ghettojuden" wiederum ist in Rabbi Loews Famulus vertreten, der vergebens um Mirjams Gunst buhlt, denn Mirjam hat heimlich mit Junker Florian, einem Christen, angebandelt. Sie verstößt damit einerseits gegen das Verbot der sexuellen Freizügigkeit für die Frau und andererseits gegen das im Zuge des modernen Rassendiskurses neu interpretierte Gebot der Trennung von Christen und Juden. Als der Famulus Florian im Ghetto entdeckt, befiehlt er dem Golem, den Junker zu töten. Im Golem löst dieser Auftrag ein unbezähmbares Begehren aus, das darin mündet, dass er Mirjam überwältigt und verschleppt. Als Mirjam schließlich die Avancen des Famulus erhört, verspricht ihr dieser, ihren Fehltritt zu verzeihen und geheim zu halten. So wird der Golem zum erzählerischen Werkzeug, um die patriarchalische Ordnung und die mit ihr im Film verbundene Trennung zwischen Juden und Christen wiederherzustellen.

Wegeners Bild vom Monster, das die Frau trägt, wird in den rassistisch getönten Hollywooddramen der 1930er Jahre immer wieder aufgegriffen – von Tod Brownings *Dracula* (1931) bis hin zu Merian C. Coopers und Ernest B. Schoedsacks *King Kong* (1933). Dieser nachhaltige Einfluss entstand nicht zufällig, denn Wegener machte den Golem und seinen jüdischen Schöpfer zum Sinnbild für die Schöpfungskraft des Mediums Kino, das deutschsprachige Juden stark mitprägten. Wegener, der auch den Golem spielte, war zwar selbst kein Jude, jedoch standen ihm einige jüdische Darsteller zur Seite, etwa Albert Steinrück als Rabbi Loew und Ernst Deutsch als sein Gehilfe. Beide waren, wie auch Wegener, Schauspieler an Max Reinhardts Deutschem Theater. In seinem Aufsatz „Von den künstlerischen Möglichkeiten des Wandelbildes" (1917) beschrieb Wegener seine Vision vom Film als Kunst der Kameraführung. Die Kamera, so Wegener, sei „[d]er eigentliche Dichter des Films", dessen Poesie sich im Rhythmus seiner Schwarzweißbilder entfalte.[1] Der Golem, jene „seltsame Steingestalt", die im Film „stumm und mystisch ihr rein bildhaftes Dasein entfalten konnte"[2], lässt sich so als Sinnbild für das künstlerische Potenzial des Stumm-

Text Cathy S. Gelbin
Biografie Cathy S. Gelbin ist Literatur- und Filmwissenschaftlerin an der University of Manchester und Mitherausgeberin des „Leo Baeck Institute Year Book". Ihr Forschungsschwerpunkt liegt auf der deutsch-jüdischen Kultur ab dem 19. Jahrhundert unter besonderer Berücksichtigung von Fragen nach Geschlecht und Sexualität. Buchpublikationen sind unter anderem „The Golem Returns: From German Romantic Literature to Global Jewish Culture" (2011). Ihre Monografie „Cosmopolitanism and the Jews" (mit Sander L. Gilman) erscheint 2017.

Bild **Der Golem, wie er in die Welt kam**
(Filmstill)
Regie: Paul Wegener/Carl Boese
Drehbuch: Paul Wegener/Henrik Galeen
Deutschland, 1920
Fotografie, 24 x 30 cm

films selbst deuten. Ohne Zweifel rührt die anhaltende Faszination von Wegeners *Golem* gerade aus dieser Verschränkung, mit der der Regisseur das Medium Film durch seine schillernden, ambivalenten jüdischen Figuren feiert.

Fußnoten

1. Paul Wegener, Von den künstlerischen Möglichkeiten des Wandelbildes, in: Helmut H. Diederichs (Hg.), Geschichte der Filmtheorie. Kunsttheoretische Texte von Méliès bis Arnheim, Frankfurt am Main, 2004, S. 225–226. 2. Ebd.

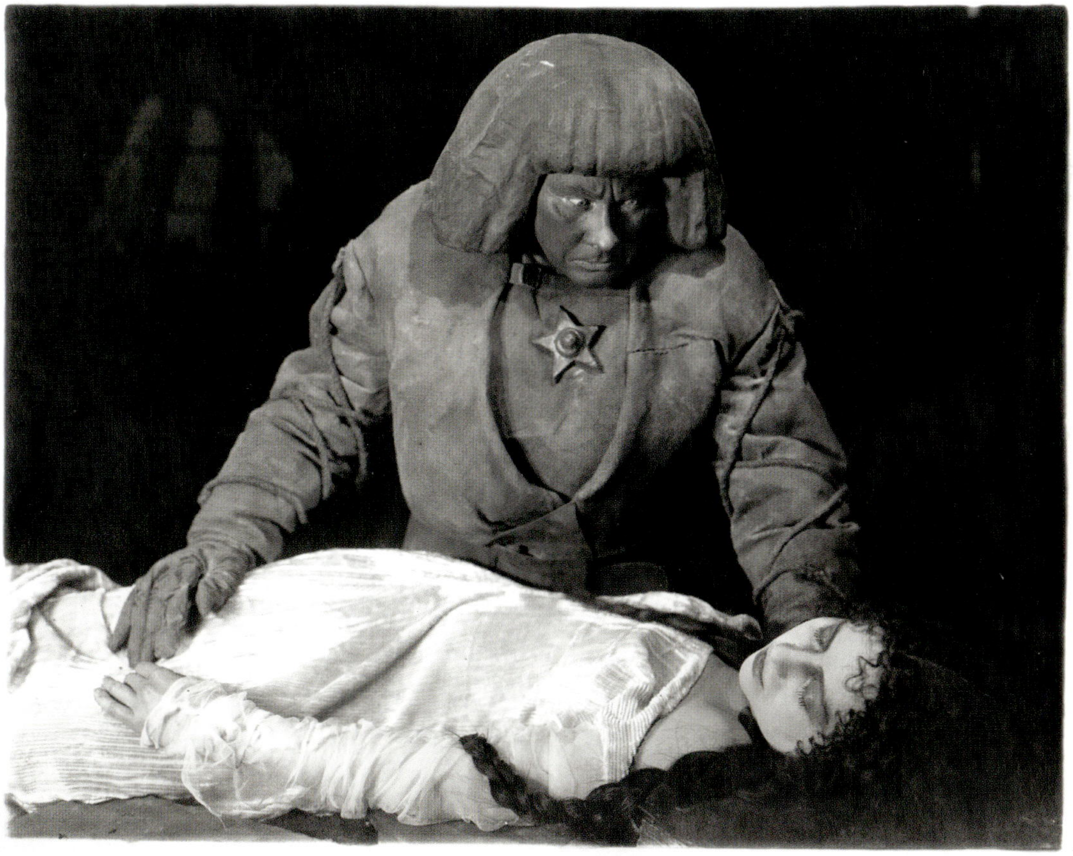

Golem und ein kleines Mädchen

Ich kenne eine Frau, eine verrückte Frau voller Illusionen, die an die natürliche Weisheit von Kindern glaubt. Für sie sind Kinder Orakel, die in heiliger Unschuld sprechen und handeln, frei von den Fehlern, die sich an uns heften wie eine Lehmschicht, wenn wir älter werden: den Anpassungen und Indoktrinationen, den Mehrdeutigkeiten und Zynismen. Unsere Kinder könnten die ganze Welt in Ordnung bringen, sagt sie, wenn wir sie nur ließen, wenn wir bloß auf sie hören würden. Während sie das sagt, schrillt durch das offene Fenster das Geschrei ihres eigenen Nachwuchses, das neueste Scharmützel in ihrem Krieg.

Natürlich machen wir uns Sorgen um unsere Kinder. Wir fürchten, dass wir *diesmal*, in *dieser* Generation, wirklich zu weit gegangen sind. Die Monster, die wir geschaffen haben, werden unter den Kindern Amok laufen. Also erfinden wir Geschichten, in denen Kinder durch ihre Unschuld, ihre Schuldlosigkeit gerettet werden. Vor langer Zeit schickten wir sie in den Kampf gegen als Großmütter verkleidete geifernde Wölfe und gegen bucklige Hexen in Lebkuchenhäusern. Dann schrieben wir Märchen, in denen sie der Erde selbst entfliehen müssen, die wir, ihre schuldbeladenen Vorgänger, umgestaltet und unterworfen haben – selbstverständlich mit den besten Absichten.

Ich weiß, warum wir diese Geschichten erzählen. Sie haben die Macht, uns zu trösten und sogar einen Weg in die Zukunft zu weisen. Manchmal jedoch kann Eskapismus zu Selbsttäuschung werden, zu einer moralischen Unfähigkeit, die Wahrheit auszusprechen.

Die Monster, die wir geschaffen haben, werden nicht durch Unschuld gestürzt. Ich schaue auf meine eigenen Kinder und bete, dass sie gegen die Monster kämpfen und siegen werden. Aber ich frage mich auch, welche Monster sie selbst dabei erschaffen werden.

Text Helene Wecker
Biografie Helene Wecker ist eine US-amerikanische Schriftstellerin. Sie arbeitete viele Jahre in Kommunikations- und Werbeagenturen und studierte später Kreatives Schreiben an der Columbia University. Ihr erster Roman „The Golem and The Jinni“ erschien 2013. Die Fortsetzung des Romans ist für 2018 geplant.

Bild **Der Golem, wie er in die Welt kam**
(Filmstill)
Regie: Paul Wegener/Carl Boese
Drehbuch: Paul Wegener/Henrik Galeen
Deutschland, 1920
Fotografie, 10 x 8 cm

Hamburger Nachrichten, 26. August 1917

Man entsinnt sich ja noch seines Aufsehen erregenden, unheimlich–abenteuerlichen Films *Der Golem.* Aus diesem Film hat hier Paul Wegener einen Schwank gemacht und stellt seine ganz eigene mimische Kunst in den Dienst des heiteren Spiels ohne jedoch seine fesselnde, phantastische Eigenart, seine Meisterschaft in der Erzeugung gruseliger Stimmung, zu verleugnen. Natürlich spielt er selbst wieder eine Doppelrolle: hier Paul Wegener, hier den unge–schlachten, unheimlichen Golem. Und seine Kunst–genossin Lydia Salmonowa ist ebenfalls berufen, eine Doppelrolle durchzuführen – mit außerordentlichem Gelingen. Auch in diesem Film feiert das bedeutende Wegenersche Geschick, das die Möglichkeiten der Filmtechnik bis aufs äußerste erschöpft, einen wahren Triumph. Ob in Ernst und Grauen, ob in Scherz und Ulk – Paul Wegener bleibt sich immer treu.

Text Hamburger Nachrichten, 26.8.1917

Bild **Filmplakat: Der Golem und die Tänzerin**
Paul Scheurich, Berlin, 1916
Lithografie, 139 x 94 cm

DER GOLEM
UND
DIE TÄNZERIN
U.T
WEGENER FILM
16
HOLLERBAUM & SCHMIDT · BERLIN N 65

Zwei Filmplakate

Zwei Plakate zum selben Film, die in ihrer Dynamik und Symbolik gegensätzlicher nicht sein könnten: Das Plakat auf S. 112 ein Flammenmeer von rechts unten nach links oben. Auf dem Turm die astronomischen Geräte, mit deren Hilfe Rabbi Loew das kommende Unglück für seine Gemeinde in den Sternen entdeckt hatte. Die Fenster der Gebäude schreien. Die Häuser des Ghettos in der rechten Bildhälfte wie Haifischmäuler, die aus dem Flammenmeer auftauchen und nach den Buchstaben schnappen. Die Form der Buchstaben nach oben links weggefeuert. In der Mitte das geöffnete Turmtor des Ghettos: ein vaginaler Geburtskanal, der sich öffnet. Wir sehen den Golem in seiner roboterartigen Schwerfälligkeit aus dem Tor in die Welt schreiten – auf uns zu. Das Filmnarrativ ist damit symbolistisch entfaltet. Der Turm-Phallus zeugt den Golem in einer inflammatorischen Situation: So kam er in die Welt. Der Weltenbrand jüdisch koloriert.

Das Plakat auf S. 113 öffnet ganz andere Assoziationsräume. Turm und Ghettohäuser in jugendstilhaft weichen, fließenden Linien, im Hintergrund die Altneu-Synagoge, davor eine Menschengruppe. Drei Personen auf einer Brücke im Gespräch miteinander. Gemeinschaft, Ruhe, Schabbatfrieden. Eine symbiotisch-intra-uterine Atmosphäre. Die Linien laufen auf einen imaginären Leib-Mittelpunkt hin: das dunkle Loch unter der Brücke. Sorge bereitet allenfalls ein nicht identifizierbarer Schatten unter einem Erker. Die Buchstaben sehen aus wie knubbelige Babyspeckbeinchen.

Der Künstler Hans Poelzig (1869–1936) war zu jener Zeit, als er die Filmkulissen schuf und die ihm zugeschriebenen Plakate entstanden, Stadtbaurat in Dresden und Vorsitzender des Deutschen Werkbundes.

Die erste deutsche Filmepoche hatte ihren Nährboden in der „Schwarzen Romantik", die mit Themen und Motiven angereichert wurde, wie sie im frankophonen Symbolismus und der Literatur des Fin de Siècle und der Décadence entstanden waren. Edgar Allan Poe und E. T. A. Hoffmann lieferten den Rohstoff, Gegenwartsautoren der literarischen Fantastik schrieben Drehbücher, etwa Hanns Heinz Ewers für Paul Wegeners ersten Film, *Der Student von Prag* (1913). Sämtliche Produktionen des expressionistischen Films können dem Genre des Horror- und Gruselfilms zugerechnet werden: *Das Cabinet des Dr. Caligari*, *Dr. Mabuse*, *Nosferatu*. Für Wegeners Film *Der Golem* (1915) schuf der Bildhauer Rudolf Belling die Figur des Golem, die auch im zweiten und dritten Golem-Film unverändert blieb. Ein tapsiger, ungelenker Koloss mit übermenschlichen Kräften und dem wehrhaften Haarhelm, eine unheimliche Vorwegnahme des ersten deutschen Stahlhelms M 16, der 1915 entwickelt und 1916 an die Frontsoldaten ausgeliefert wurde. Die Zeit seit Mitte des 19. Jahrhunderts war eine Blütezeit des Positivismus, des Materialismus, des Historismus, der rechnenden Wissenschaften und der Ingenieurskunst bei gleichzeitigem Höhenflug von Theosophie, Okkultismus, Mystizismus bis zum Satanismus. Der Stern auf der Brust des Golem in Wegeners Film ist nicht der Davidstern, sondern das Pentagramm. Das Unheimliche kommt von tief unten und braucht dennoch konkrete Orte, an denen es sich

Text Dietrich Neuhaus
Biografie Dietrich Neuhaus studierte Evangelische Theologie, Philosophie und Germanistik in Wuppertal, Bonn, Tübingen und Göttingen. Anschließend war er wissenschaftlicher Assistent an der Universität Paderborn und promovierte mit einer Arbeit über den jüdischen Wiener Schriftsteller Leo Perutz: „Erinnerung und Schrecken. Die Einheit von Geschichte, Phantastik und Mathematik im Werk Leo Perutz". Von 1986 bis 1999 war er Studienleiter und stellvertretender Akademiedirektor an der Evangelischen Akademie Arnoldshain, anschließend Dekan in Frankfurt am Main.

entfalten kann. Im frankophonen Raum war dieser Ort neben Venedig und Toledo Brügge, gefunden dank Georges Rodenbachs Roman „Bruges–la–morte" (1892). In wundersamer Gleichzeitigkeit der schwarzromantischen Künstler hatte der deutschsprachige Raum um 1914 ebenfalls seinen Ort gefunden: Prag. Der Hof Kaiser Rudolf II. zur Zeit der Wende vom 16. zum 17. Jahrhundert mit seinen vielen Künstlern und Scharlatanen aller Disziplinen wirkte ebenso magnetisch wie die schiefen und verwinkelten Gassen des Judenviertels, in denen der hohe Rabbi Loew seine Gemeinde mit Geschick und Erfolg vor christlichen Verfolgungen zu schützen wusste. 1893 war das Ghetto der Spitzhacke zum Opfer gefallen und hieß nun Josefstadt. Ungewollt setzte man damit aber nicht nur dem Kaiser der Doppelmonarchie ein Denkmal, denn Josef hieß auch der Golem, den Rabbi Loew geschaffen hatte. Das Irrational–Unheimliche blieb trotz aller großstädtischer Sanierungs– und Rationalisierungsmaßnahmen präsent. So nahm das Prag der Fantastik Gestalt an durch Paul Leppins „Severins Gang in die Finsternis", durch Gustav Meyrinks „Golem" und durch Hans Poelzigs Kulissen, in denen Paul Wegener in schwarz–weiß–Kontrasten und dramatischen Schattenspielen die überzogen–exaltierte Mimik und Gestik des expressionistischen Films inszenieren konnte. Leo Perutz setzt dem Prag der Fantastik im Jahr 1953 aus dem israelischen Exil ein letztes großartiges literarisches Denkmal: In seinem Roman „Nachts unter der steinernen Brücke" werden Einzelgeschichten, die zur Zeit Rudolf II. und Rabbi Loews spielen, so kunstvoll miteinander verwoben, dass ein atmosphärisches Gesamtbild entsteht, das deutlich macht, wofür „Prag" als kulturhistorische Metapher Anfang des 20. Jahrhunderts stand und vermutlich noch heute steht: für die gegenstrebige Zusammenfügung von Sehnsucht und Geheimnis.

→

Bild **Filmplakat: Der Golem, wie er in die Welt kam**
Hans Poelzig, Berlin, 1920
Farblithografie, 71,1 x 94,2 cm

Bild **Filmplakat: Der Golem, wie er in die Welt kam**
Hans Poelzig, Berlin, 1920
Farblithografie, 141,8 x 93,1 cm

Die Belebung der Filmkulisse

Häusergiebel züngeln nach oben. Eine wehrhafte Mauer mit bedrohlich scharfen Zinnen hegt sie ein. Im Hintergrund erhebt sich ein märchenhafter Schlossberg. Diese Motive, entwickelt und produziert von Hans Poelzig und Marlene Moeschke, stehen im Zentrum der Skizzen für die heute ikonischen Kulissen des Stummfilms *Der Golem, wie er in die Welt kam*. Der Regisseur und Hauptdarsteller des Films, Paul Wegener, hatte zunächst den Architekten Hans Poelzig für das Golem-Filmprojekt gewinnen können, der wiederum kurz darauf in einem Brief begeistert an seine Mitarbeiterin, die Bildhauerin Marlene Moeschke, appellierte: „Jedenfalls ist aus der Sache was zu machen und wie ich glaube, großartig, phantastisch. Aber du mußt helfen."[1]

Marlene Moeschke half. Während Poelzig die Ideen für die Architektur der Außenmotive lieferte, entwarf Moeschke Innenmotive, Requisiten und Kostüme des Films und modellierte später zudem die Kulisse. Neben zahlreichen Entwurfsskizzen von Poelzig auf losen Blättern und in Notizbüchern ist auch ein Golem-Skizzenbuch Marlene Moeschkes erhalten. In ihrer expressiven Manier und Motivwahl ähneln die Zeichnungen der beiden Kunstschaffenden einander sehr und erzählen so von deren enger Zusammenarbeit. Insbesondere in Moeschkes Skizzen für den Kaisersaal wird das deutlich: Die Form der lodernden Flammen, die Poelzig für die Häusergiebel verwendet hat, überträgt sie in ein neogotisch-stilisiertes Interieur dynamischer Spitzbögen mit reich verzierten Fialen. Wohl nicht zufällig platzierte sie in ihrem Skizzenbuch neben die Zeichnung eines gotischen Spitzbogens die flüchtige Skizze eines wurzelschlagenden Baumes mit geschwungenem Geäst, denn Marlene Moeschke ließ sich ebenso wie Hans Poelzig vom Organischen, von den Formen der belebten Natur, inspirieren.

Poelzigs und Moeschkes ausdrucksstark-anthropomorphe Formsprache der Kulissengestaltung forderte etablierte Sehgewohnheiten heraus. Sie korrespondierte allerdings mit der Wirkkraft und Modernität des damals noch neuen Mediums Film. Darüber hinaus griff die belebt wirkende Kulisse auch das Thema Animierung und damit ein zentrales Element der Golem-Legende selbst auf. Möglicherweise ließen sich Poelzig und Moeschke von dem viel gelesenen Golem-Roman Gustav Meyrinks inspirieren, in dem der Autor das spukhafte Treiben der Häuser des jüdischen Ghettos in Prag beschrieb, die die eigentlichen „Herren der Gasse" und des Nachts am Leben seien.

Die Synthese verschiedener künstlerischer Bereiche bei der Kulissengestaltung von Theater- und Filmproduktionen eröffnete Poelzig und Moeschke die Möglichkeit, ihr Ideal eines Gesamtkunstwerks zu verwirklichen. Das Zusammenwirken von Handwerk und bildender Kunst in diesem Bereich entsprach den Prinzipien moderner Strömungen in der angewandten Kunst, wie sie der Deutsche Werkbund vertrat, dem Poelzig seit 1919 vorstand. Durch die darüber hinaus nahezu unumschränkte gestalterische Freiheit beim Film, die Raum für utopisch-fantastische Entwürfe bot, übte die junge Filmindustrie als modernes Experimentierfeld einen ganz besonderen Reiz aus. So wundert es wenig, dass die innovative Ateliergemeinschaft Poelzig-Moeschke sich für das Medium Film be-

Text Anna-Carolin Augustin
Biografie Anna-Carolin Augustin, Historikerin, ist nach ihrem wissenschaftlichen Volontariat am Jüdischen Museum Berlin als kuratorische Assistenz für die „Golem"-Ausstellung tätig.

Bild **Skizzenbuch: Der Golem, wie er in die Welt kam**
Marlene Moeschke-Poelzig, Berlin, um 1920
Bleistiftzeichnungen, 21,1 x 13,8 cm

geisterte und mit Paul Wegener sogar Pläne zum Aufbau eines Bauateliers mit eigenem Filmstudio schmiedete. Zwar folgte für das Künstlerpaar, das im Jahr 1923 heiratete, kein weiteres, vergleichbar erfolgreiches Filmprojekt, aber ein fundamentales Novum konnten die beiden mit der Kulissengestaltung des Golem-Films realisieren: ein weitläufiges und begehbares Filmset, das den Anspruch erheben konnte, ein autonomes Kunstwerk zu sein. Dies trug mit dazu bei, dass Paul Wegeners dritter Golem-Stummfilm zu einem Klassiker der Filmgeschichte wurde.

Fußnote

1. Brief aus Privatnachlass, Hamburg. Zitiert nach: Heike Hambrock, Hans und Marlene Poelzig, Bauen im Geist des Barock: Architekturphantasien, Theaterprojekte und moderner Festbau (1916–1926), Delmenhorst 2005, S. 71.

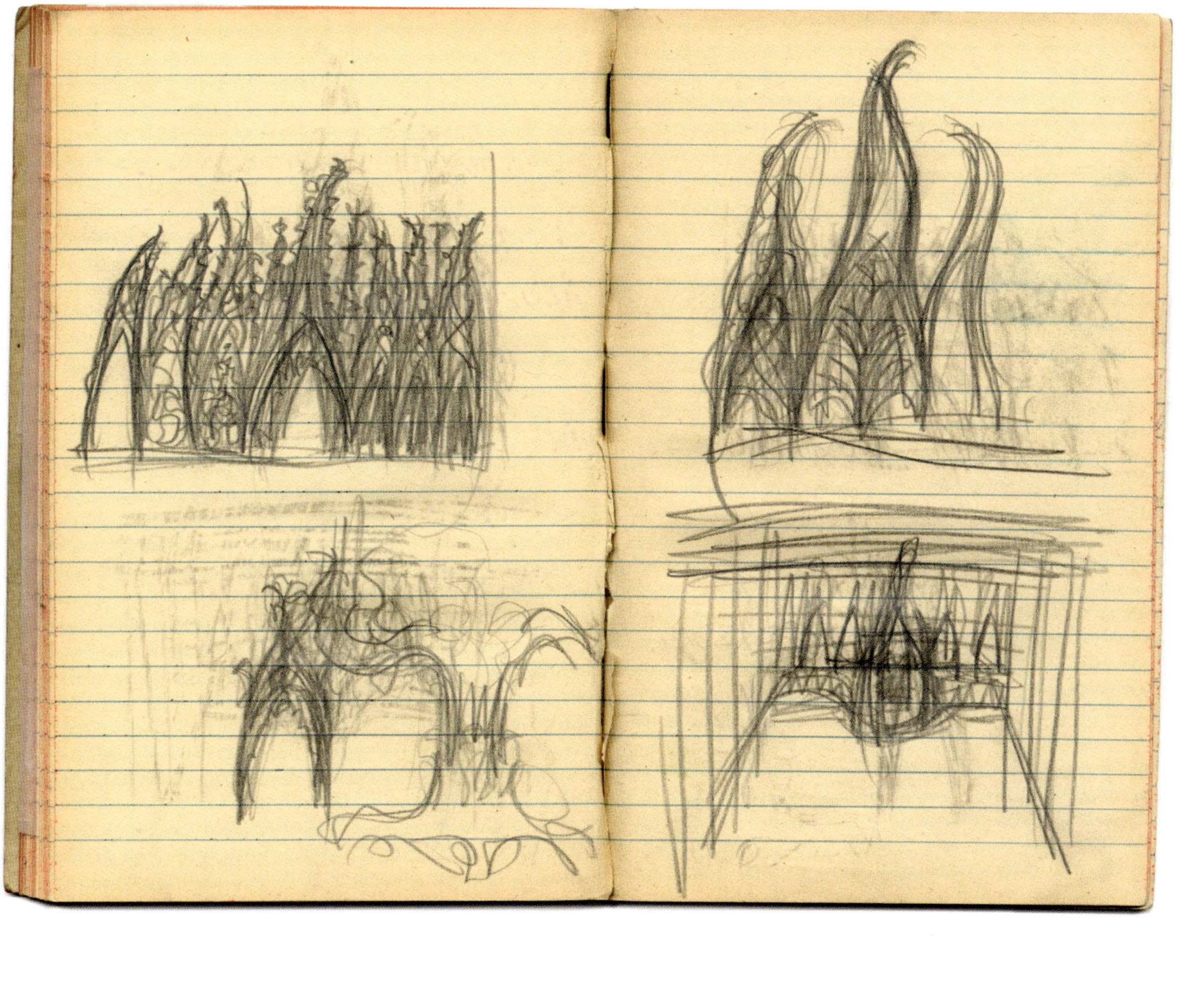

War Time/Peace Time

Im Sommer 2014, während des letzten Krieges im Gazastreifen, war ich in Barcelona, auf dem Weg zum internationalen Art Camp der UNESCO, an dem ich als Repräsentantin meines Landes, Israel, teilnehmen sollte. Mich brachte das in dieser unruhigen Zeit in eine ausgesprochen schwierige Situation, doch war alles längst geplant gewesen. Nach zwei Tagen in Barcelona besuchte ich das Museum für Zeitgenössische Kunst (MACBA) und traf auf die Ausstellung von Eugeni Bonet, die mich faszinierte, obwohl ich kein Wort verstand, weil nichts ins Englische übersetzt war, nicht einmal der Titel der Ausstellung. Nach einem kurzen Augenblick der Frustration wurde ein Spiel daraus.

Als Malerin faszinieren mich Bilder. Ausgangspunkt meiner Arbeit ist immer ein Bild, das ich einer fotografischen Quelle entnehme. Der Vorgang des Malens, der dann beginnt, ist meine Form der Auseinandersetzung, des genauen Betrachtens. Bonets Schau war voller fesselnder Bilder und ich hatte keine Wahl – ich musste mich bei ihrer Interpretation allein auf meine Augen verlassen. Während ich eines der gezeigten Videos ansah, kam mir etwas sehr vertraut vor. Ich erkannte den Protagonisten als den Golem aus dem Film von 1915; ich ging davon aus, dass Bonet Teile des Originalfilms neu bearbeitet hatte. Aber warum? Ich konnte darauf nicht antworten, schaute mir den Film aber wieder und wieder an, vor allem wegen des Kopfes der Golem-Figur. Er schien aus Lehm gemacht und hatte die Form eines sehr stabilen Helms, obwohl klar war, dass der Kostümbildner eigentlich etwas wie schlammiges Haar hatte schaffen wollen. Es schien mir, als hätte dieser Kopf sich gegen seinen Schöpfer gewandt und ein Eigenleben bekommen. Der Reiz, ohne Worte zu lesen, verbunden mit dieser spezifischen Zeit, als das Land, das ich gerade verlassen hatte, von nichts anderem als dem neuen Raketenabwehrsystem „Iron Dome" sprach – der alleinige Grund dafür, dass der Krieg in Gaza und nicht im ganzen Land war – führten dazu, dass ich diesen Kopf des Golem „Iron Dome" – Eisenkuppel – nannte. Es ändert sich eigentlich nie etwas. In Andorra angekommen, malte ich meinen Golem.

Text Ktura Manor
Biografie Ktura Manor, geboren 1982 in Israel, lebt und arbeitet in Tel Aviv. Ihre Werke wurden in einer Einzelausstellung im Ramat Gan Museum of Israeli Art gezeigt; sie war Mitglied einer internationalen Gruppe von Künstler*innen der UNESCO und nahm am Mamuta Art and Media Center Residency Program in Jerusalem teil. Sie graduierte 2013 an der Midrasha School of Art und schloss 2016 den Master of Fine Arts an der Bezalel Academy of Arts and Design ab.

Bild **War Time/Peace Time (Golem)**
Ktura Manor, Andorra, 2014
Öl auf Leinwand, 60 x 70 cm

Die List der Frauen, oder: wie die Simpsons den Golem glücklich machten

„Die ich rief, die Geister werd ich nun nicht los [...]" Dieses Problem schildert schon Johann Wolfgang von Goethe in seiner 1827 veröffentlichten Ballade vom Zauberlehrling. Ungestraft ruft man die göttlichen oder teuflischen Kräfte nicht zur Hilfe; einmal eingesetzt, lassen sie sich nur noch schwer in die Schranken weisen. Auch Rabbi Loew hatte seine Mühe, den Golem wieder loszuwerden, nachdem er seine Hilfe nicht mehr beanspruchte. Auf dem Dachboden der Altneu-Synagoge in Prag verwandelte er ihn mit Mühe in den Lehm zurück, aus dem er geschaffen war, noch heute sollen Spuren davon zu sehen sein.

Die Simpsons-Damen aber haben eine klügere Idee, den rächenden Lehmklotz zu befrieden, der ihnen durch den Sohn und Bruder ins Haus geschleppt wird. Mit femininem Charme und feministischer Strategie entmachten sie den Golem.

Bart, der Sohn von Homer Simpson und seiner Frau Marge, entdeckt den Golem in der Requisitenkammer von Krusty, dem Clown. Nachdem Bart ihm das Geheimnis abgeluchst hat, wie er das „mystische jüdische Monster" zu sich beordern könne, setzt er ihn zunächst auf seinen Vater an, der seine Schildkröte zertreten hat. Den Rächer an seiner Seite, nutzt er den Golem, um über Mitschüler zu triumphieren, die ihm um sein Pausengeld erpressen und über andere, die ihm das Leben schwer machen.

Bart hat jedoch die Rechnung ohne seine Schwester Lisa gemacht. Mit moralischer Autorität verhilft sie dem „Verteidiger des jüdischen Volkes" zu einer Stimme, die ihn als einen in sich gekehrten, neurotischen Kraftprotz entlarvt, der unter seinem Schicksal als willenloser Bulldozer zu dienen leidet. Das wiederum ruft die feinsinnige und mitleidvolle Marge auf den Plan. „Das Problem eines jeden Mannes ist eine gute Beziehung", entscheidet sie und Homer schlägt auch gleich die Lösung vor: „Besorge ihm eine Frau, das wird ihn von seinem Kummer befreien." Mit diesem – ironisch gemeinten, aber sehr jüdischen – Vorschlag versöhnt sie die Ambiguität des Golem, der Rächer und Opfer zugleich ist. Schließlich werden im Judentum Hochzeit und Ehe nicht nur als Verbindung zwischen Mann und Frau gesehen, in diese Beziehung hat sich Gott direkt eingeschrieben. Das soll auch dem Golem zugutekommen.

Gesagt, getan. Dem Golem wird eine Dame zur Seite gestellt, deren schönes Gesicht ihn betört. Sie treten unter die Chuppa und vor den Rabbiner, bereit, den Bund des Lebens einzugehen. Die wütenden Polizisten, die dem Golem auf der Spur sind, werden mit der Aussicht auf fettige Kartoffelpuffer erfolgreich kalt gestellt. Und die Moral von der Geschicht: „In die Ecke, Besen! Besen! Seids gewesen. Denn als Geister rufen euch nur, zu seinem Zwecke, erst hervor die alten Meisterinnen."

Text Cilly Kugelmann
Biografie Cilly Kugelmann ist Erziehungswissenschaftlerin und stellvertretende Direktorin des Jüdischen Museums Berlin. Sie war Mitherausgeberin der Zeitschrift *Babylon. Beiträge zur jüdischen Gegenwart* (bis 2010).

Bild **Plakat: Treehouse of Horror XVII (The Simpsons)**
USA, 2006

TREEHOUSE OF HORROR XVII
SPRINGF
HALL
TREEHOUSE OF HORROR XVII (Episode HABF17)
WITH THE SIMPSON FAMILY • PRINCIPAL SKINNER • MILHOUSE
KANG • KODOS • CHIEF WIGGUM AND MANY MORE OF YOUR
SPRINGFIELD FAVORITES
WRITTEN BY PETER GAFFNEY
DIRECTED BY DAVID SILVERMAN & MATTHEW C. FAUGHNAN
20th CENTURY FOX TELEVISION
FILMED IN
PAIN-A-VISION

AUSSER KON- TROLLE

Die Deutung der Golem-Figur hat sich im Laufe der Jahrhunderte immer wieder gewandelt, oft als Reaktion auf historische Ereignisse. War es lange Zeit um den Schöpfungsprozess als solchen gegangen, lag seit dem 17. Jahrhundert die Konzentration vor allem darauf, welche praktischen Aufgaben ein Golem übernehmen könnte. Die Quellen, die diese neue Haltung zum Golem belegen, sind zahlreich; sie stehen häufig im Zusammenhang mit der Entwicklung einer modernen Wissenschaft im christlichen Europa. Verschiedenste Golem-Erzählungen entstanden, die sich meist um einen Gelehrten drehen, der seinen Golem zu einem bestimmten Zweck schafft: als Diener, als Gefährten oder auch als Retter einer jüdischen Gemeinde in Gefahr. Die Golem-Legende wurde für eine jüdische Minderheit, die den Launen der jeweiligen Machthaber ausgesetzt war, zu einem kraftvollen Überlebens-Mythos. Im 20. Jahrhundert trat der Golem in den vielen Geschichten als Retter auf, je nachdem, in welcher Situation sich die Juden befanden und welchen Bedrohungen sie ausgesetzt waren. So schrieb Egon Erwin Kisch in einem Brief 1938:

„Du weißt doch, dass ich ein direkter Nachkomme des weisen Rabbi Löw bin, der aus Lehm den Golem modelliert hat und ihm, wenn den Juden Unrecht droht, befahl: Erhebe Dich und gehe! So einen Golem würden wir brauchen, wenn die Nazis auf uns losgehen werden. Ich würde ihm auch befehlen: Erhebe Dich und geh, die Feinde rücken auf mein Prag zu!" (zitiert nach: Walter Schmitz et al.: Böhmen am Meer, Chemnitz 1997)

Obwohl Juden in der Geschichte häufig schutzbedürftig waren, blieb die Haltung gegenüber der zerstörerischen Kraft des Golem ambivalent. Diese Ambivalenz spiegelt sich in all jenen Erzählungen, in denen der Golem zu einer Bedrohung für seinen Schöpfer wird und letztendlich Amok läuft: Ist die Macht erst entfesselt, lässt sie sich nicht kontrollieren. Dieses zweischneidige Schwert – der Golem als Beschützer und Zerstörer zugleich – wurde zur geeigneten Metapher für viele der Herausforderungen, mit denen sich die moderne Gesellschaft konfrontiert sah und sieht.

Text Emily D. Bilski

Mit glühendem Hammer erweckter Mann

Die durchaus unbekümmerte Vorstellung vom Golem als eine Art künstlicher Mensch hat sich im Laufe der 1930er Jahre merklich verändert, der Einfluss wachsender gesellschaftlicher Spannungen, des drohenden Faschismus und Krieges war augenscheinlich. In den Werken tschechischer Surrealisten tauchen phantomhafte Formen und Gestalten bzw. Objekte voller betonter Dramatik und verborgener Spannung auf, die eine Verkörperung menschlichen Unterbewusstseins, sowie aller irrationaler Untiefen der menschlichen Seele nahelegen.[1] Zu den vortrefflichsten Werken des „jüngsten Surrealisten" František Hudeček (1909–90) zählt das Bild „Golem – mit glühendem Hammer erweckter Mann" (1935–37).[2] Es zeigt eine halluzinative Traumsequenz: eine einigermaßen ermattete Mannesgestalt – vermutlich im Taucheroverall und in dunklen Abgründen des Ozeans – wird von einem gespenstischen, an Ungeziefer erinnernden Monstrum mit Fangarmen bedroht. Die amorphe Ausgestaltung verweist auf Hudečeks automatische Schaffenstechnik, die sich stärkehaltiger Papierbögen und gekrümmter Spiegel bediente, mit deren Hilfe er allerlei trügerische Formen in seine Gemälde übertrug.[3] Die Erweckung des Mannes durch einen glühenden Hammerschlag auf den Kopf kann als Analogie der golemschen Wiederbelebung betrachtet werden, durch Schem (hebräisch, unausgesprochener Name Gottes) oder mittels einer symbolhaften Erleuchtung, die aus dunklen Tiefen des Unterbewussten zu neuer Erkenntnis führt. In diesem Falle bezieht sie sich wohl am ehesten auf die damalige politische Situation, vornehmlich den Spanischen Bürgerkrieg.

Die Gestalt des Golem war im tschechischen Kontext sehr verbreitet, dem Künstler selbst könnte sie aus Prager Legenden, dem Befreiten Theater (1930) oder dem tschechisch-französischen Film von Julien Duvivier (1936)[4] vertraut gewesen sein. Das Feuer taucht bei künstlerischen Umsetzungen des Golem wiederholt auf, denn es ist in seiner destruktiven Kraft ähnlich erschreckend und dem Menschen als unerlässliches Mittel einer alchemistischen Transmutation des Metalls und Formung der Welt bedeutsam. Hudečeks Vater besaß eine Dorfschmiede und der Künstler war von frühester Kindheit an vom Feuer fasziniert. Im überaus dramatischen Jahr 1938 schuf er ein Pastell mit dem Titel „Die Schmiede meines Vaters", in dem die glühende, von Funkenströmen und der Gestalt eines Magiers umrandete Schmiedeesse zur Feuerstätte einer Verschmelzung der Welt mit dem Kosmos mutiert.[5] Das unbewusste, destruktive Wirken des Riesen wiederum, der dem Golem ähnelt, erinnert an Hudečeks Gemälde „Der Wanderer – das Gespenst des Bürgerkriegs" (1937).[6]

Fußnoten

1. Jindřich Chalupecký, František Janoušek, Prag 1991, Bild 74, 90, 123; Rudolf Kober und Gerd Lindner (Hg.), Die zweite Arche – Der Surrealismus und die tschechische Kunst 1925 bis 1945, Bad Frankenhausen 2001, S. 139. 2. Lenka Bydžovská, Vojtěch Lahoda, Karel Srp, Černá sluce. Odvrácená strana modernity, Prag, 2012, S. 220–221. 3. Eva Petrová a kolektiv, Skupina 1942, Prag 1998, S. 30–32. 4. Arno Pařík, Maharal and the Golem in Art, in: Path of Life. Rabi Jehuda Leva ben Becalel (ca. 1525–1609) Alexandr Putík (Hg.), Jewish Museum in Prague, 2009, S. 343–373; Arno Pařík, Golem v českém umění aneb proměny figurace, in: Golem v náboženství, vědě a umění, Židovské muzeum v Praze, 2003, S. 87–105, Bilder Nr. 9–47. 5. Jiří Machalický und Martin Zeman, František Hudeček, Galerie Moderna, Prag 2011, Bild Nr. 53 u. 54, S. 74. 6. ebda: Bild Nr. 43 u. 44, S. 64–65.

Text Arno Pařík
Biografie Arno Pařík ist Kunsthistoriker und forscht zu der Geschichte des jüdischen Prag, der Renovierung jüdischer Stätten und Synagogen, jüdischer Kunst im 19. und 20. Jahrhundert sowie Kunst aus dem Ghetto Theresienstadt. Er ist der Kurator vieler Ausstellungen am Jüdischen Museum Prag und Autor zahlreicher Texte über jüdische Denkmäler und Künstler.

Bild **Golem – Mit glühendem Hammer erweckter Mann**
František Hudeček, Prag, 1935–1937
Öl auf Leinwand, 81 x 95 cm

Woran man einen Juden erkennen kann

Golem: Dass das Turnen die Gesundheit stärkt, die körperliche Entwicklung zur Kraft wie zur Schönheit fördert, das Selbstgefühl steigert, das ist bereits so oft wiederholt worden, dass es wie ein Gemeinplatz klingt. Es gibt aber bei der Betrachtung des Turnens der Juden einen Gesichtspunkt, bei dem man meines Erachtens nicht genug verweilt hat, und das ist unsere ungewöhnliche Eignung zu Leibesübungen aller Art. Wir haben nur allzu sehr die Gewohnheit, uns selbst unbewusst mit den Augen der Antisemiten anzusehen und mit sträflicher Blindgläubigkeit zu wiederholen, was sie uns nachsagen. [...] Man halte sich zwei biologische Grundtatsachen vor Augen: Es gibt beim gesunden Menschen keine natürliche, unabänderliche Muskelschwäche und man führt verwickelte Bewegungen, also solche turnerischer Natur, nicht mit den Muskeln, sondern mit den Bewegungszentren im Gehirn aus.

(Bei diesem Wort beginnt Dor mit dem Chor. Alle anderen steigen ein.)

Alle: (Chor) Unsere Muskeln.

Dor: (Chor) Unsere Muskeln sind hervorragend entwicklungsfähig *(läuft um das mittlere Podest)*

Deleila: (Chor) Niemand braucht sich mit den Muskeln zufrieden zu geben, die er hat. *(läuft ganz vorne hin und her)*

Nico: (Chor) Jeder kann vielmehr die Muskeln haben, die er selbst wünscht. *(springt von Podest zu Podest)*

Golem: (Chor) Methodische, ausdauernde Übung ist alles, was dazu nötig ist.

Joey: (Chor) Man kann ohne Übertreibung sagen. *(läuft vor und zurück)*

Alle: Unsere Muskeln, Unsere Muskeln, Unsere Muskeln...

Text Noam Brusilovsky
Biografie Noam Brusilovsky, 1989 in Israel geboren, lebt und studiert seit 2012 in Berlin. Die Kostüme zu dem Stück wurden von Magdalena Emmerig (1988 in Ebersberg geboren) entworfen. Das Stück „Woran man einen Juden erkennen kann", wurde mit dem Ensemble entwickelt; der hier abgedruckte Ausschnitt stammt aus einem Text von Max Nordau. Es gastierte im Rahmen des Festivals Körber Studio Junge Regie 2015 in Hamburg und wurde als Hörspiel des Deutschlandfunk produziert.

Bild **Golem-Kostüm für „Woran man einen Juden erkennen kann"**
Kostümdesign: Magdalena Emmerig, Schneiderei des bat-Studiotheaters
Regie/Theaterstück: Noam Brusilovsky
Berlin, 2015
Textil

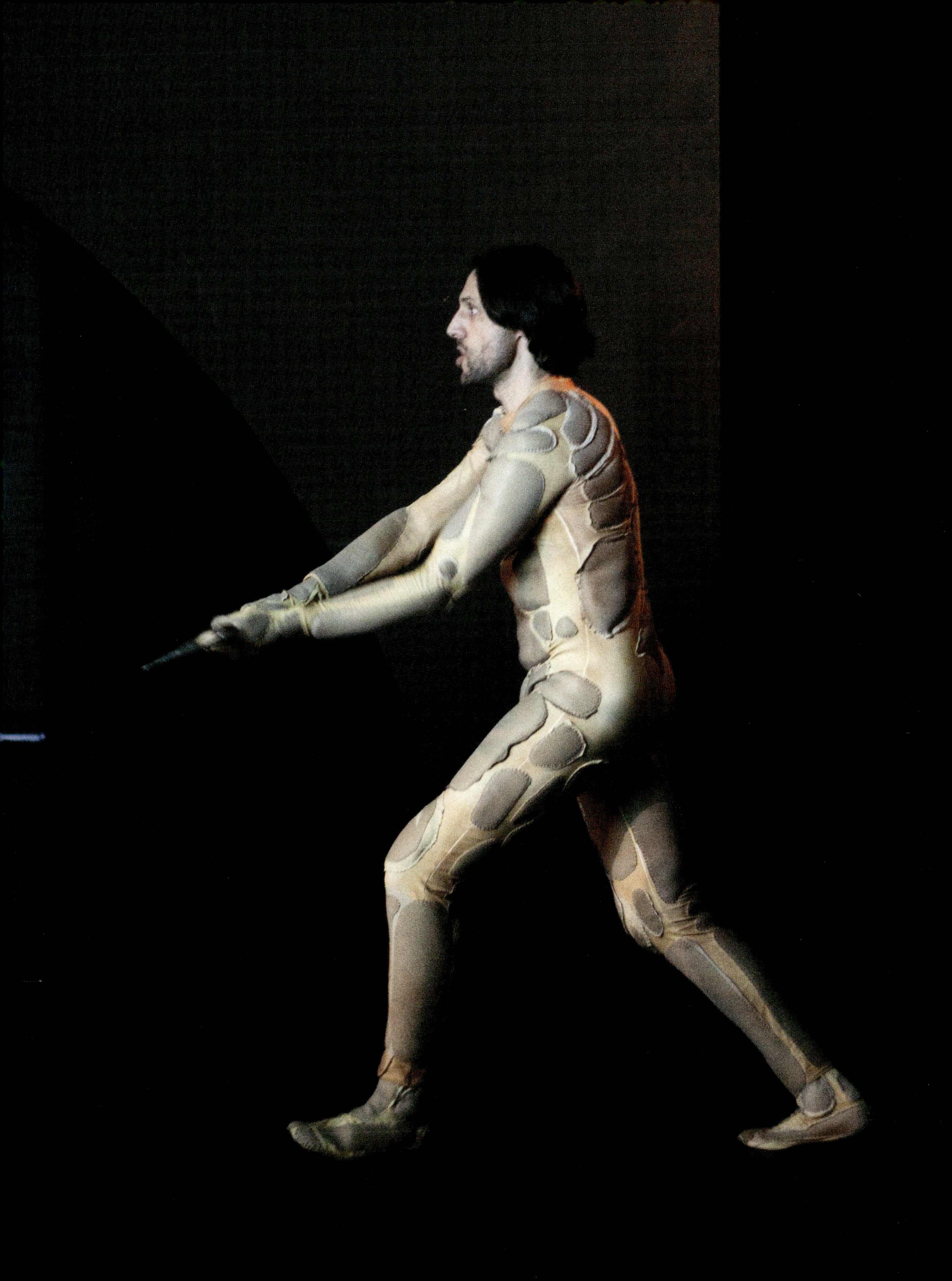

Gefährliche Symbole

Ikonische Zeichen aus unterschiedlichen Kulturen ins eigene Werk zu integrieren, erfordert viel Fantasie, scharfsinnige Bildung und erheblichen Mut. All das wird dem amerikanischen Künstler Michael David zu Recht attestiert. Seine Arbeit mit solchen ikonischen Symbolen begann er Ende der 1970er Jahre, und er hat damit oft große Kontroversen ausgelöst.

So wie das Kreuz unzählige gefeierte Werke der westlichen Kunst ziert, erscheint auch die Swastika, also das Hakenkreuz, als Symbol und Dekorationselement in der Kunst vieler Kulturen, Jahrhunderte und Kontinente umspannend. Für seine Serie „Symbols" wählte David beide Zeichen aus. Die Swastika, die im Hinduismus, Buddhismus und Jainismus für Güte und günstiges Geschick steht, ist für immer stigmatisiert, seit die Nationalsozialisten es zu ihrem Wahrzeichen machten. Seine ursprüngliche Bedeutung als Glückssymbol wurde von den Mächten der Finsternis gekapert, die es in ein Symbol der Vernichtung umwandelten. Somit könnte man Davids Entscheidung, die Swastika in einer Reihe von Werken, die von 1977 bis heute reicht, mit der Legende des Golem zu verbinden, als krasse Beleidigung empfinden.

Doch sollte unser Blick wirklich so vereinfachend sein? Der Golem, so heißt es, wurde geschaffen, um seinem Herrn dabei zu helfen, Prags jüdische Gemeinde zu schützen. Der Legende nach versetzte irgendwann ein falscher Befehl das mächtige Wesen in Raserei, und damit begann ein Rausch der Zerstörung, der am Ende zum Untergang des Golem selbst führte. Ähnlich ging es mit dem Hakenkreuz: Geschaffen als Zeichen der Stärke, wurde seine ursprüngliche Bedeutung für westliche Augen für immer verdorben durch den grausamen Missbrauch, den die Nationalsozialisten mit ihm trieben.

Davids Art, die perverse Macht und die Bedeutungsvielfalt dieses Symbols auszuloten, lässt sich zudem auf die Verflechtung des Künstlers in die New Yorker Punkszene zurückführen. Die Punks fetischisierten die Swastika: Sie verzierten ihre Flyer damit, einige Musiker trugen sie auch selbst als Schmuck, obwohl viele von ihnen Juden waren. Für David war eine solche jüdische Aneignung des Hakenkreuzes verwandt mit der Strategie afroamerikanischer Künstler, in ihrer Musik und Lyrik das N-Wort zu verwenden. Punk als Kunstform – gewalttätig, instinktgesteuert, selbstzerstörerisch, monströs – spiegelte die Erzählung vom Golem.

Davids Bilder aus der „Symbols"-Serie haben eine ausgeprägt skulpturale Qualität. Die Oberflächen legen greifbar Zeugnis ab von ihrer Entstehung, von der Hand des Künstlers. Sein „Golem" besitzt eine Objekthaftigkeit, die der Materialität des fiktiven Lehmlebewesens entspricht. Die Erzählung vom Prager Golem benennt als Materialien, die zur Schaffung des Golem verwendet wurden, Wachs, Erde, Lehm und Feuer. Davids enkaustische Malweise definiert sich seit Jahrzehnten durch den Gebrauch von Wachs und Feuer. Der endgültige Zerfall des Golem zu einem Haufen aus seinen Ursprungssubstanzen – „Staub zu Staub, alles ist Staub" – verweist auf die Risiken des Schöpferischen und auf sein Potenzial für Extremismus und Selbstzerstörung.

Text Charlotta Kotik
Biografie Charlotta Kotik wurde in Prag geboren, lebt und arbeitet seit 1970 als Kuratorin in den USA. Bis 2007 war sie Chefkuratorin für Zeitgenössische Kunst im Brooklyn Museum in New York. Während dieser Zeit initiierte sie umfangreiche Ausstellungsprogramme von Künstler*innen wie Louise Bourgeois und große Gruppenausstellungen wie „Open House: Working in Brooklyn". Heute arbeitet sie als freiberufliche Kuratorin mit Sitz in New York.

Bild **The Golem**
Michael David, USA, 2007–2013
Mixed Media, 205,7 x 205,7 x 10,2 cm

Der Golem von 1944

In den 1940er Jahren erscheinen unzählige Comichefte mit kruden Geschichten, die eine deutliche historische Signatur tragen. So gräbt Boy King in *Clue Comics* 1943 einen Steinriesen aus, der gegen einen Nazi-Tyrannosaurus mit Hakenkreuzbinde kämpft (und siegt). The Heap, ein stummer, aber sympathischer Haufen Erde aus den polnischen Sümpfen, zieht die Leser von *Airboy Comics* mit seinen Abenteuern ab Oktober 1946 in den Bann. Kurz zuvor, im Juli 1946 erscheint Joe Kuberts erste längere Geschichte, „The Golem", im dritten Heft von *The Challenger Comics*, die angetreten sind, den einheimischen Faschismus anzugreifen. Soweit ich es überblicke, ist es das erste namentliche Auftreten des Golem im Comic überhaupt. Der schaut allerdings gar nicht wie ein Lehmwesen aus, sondern eher wie ein riesiger Tarzan, aber in der schnelllebigen Comicheft-Industrie der damaligen Zeit gerät alles gerne einmal durcheinander. Kaiser Rudolf ähnelt durch seine Kapuze und seinen langen weißen Bart Merlin, seine Soldaten sind als römische Legionäre gezeichnet und Rabbi Loew mit seinem Davidstern auf der Brust könnte auch als einer der vielen zeitgenössischen Superhelden durchgehen. Vielleicht visualisiert Kubert damit, wie sich sein Protagonist Billy Maguire die ihm völlig unbekannte Geschichte des Golem vorstellt. Sein Flugzeug ist über Prag abgestürzt und hat dabei die Nazis in den Tod gerissen (*„The hunters are hunted!"* – „Die Jäger werden gejagt!"), gerade als die sich anschickten, einen Rabbi zu ermorden. Nun versteht der Pilot durch die Erzählung dieses Rabbi, was der Einsatz der Amerikaner und ihrer Alliierten für die Juden bedeutet: Sie sind der Golem von 1944.

Der Golem wird bei seinem ersten Erscheinen in den Comics gleich zu einer Figur der Reflexion des Holocaust: Sie wirft die Frage auf, was die Judenvernichtung der Nazis hätte aufhalten können. In der Figur des Golem drückt sich der Wunsch nach einer übermenschlichen Kraft aus, die diese Vernichtung verhindern hätte können. In ihr findet das Monströse des Holocaust einen Gegenspieler. Und der Golem ist ein Versprechen: *„Okay, Mr. Golem, [...] we'll make your work stick!"*, schwört Maguire im letzten Panel von Kuberts Geschichte. Diese Arbeit realisiert sich in den amerikanischen Comics vor allem als Erinnerungsarbeit, weniger offensichtlich in Figuren wie Superman und Ragman bei DC oder The Hulk und The Thing bei Marvel, deutlicher in einzelnen Ausgaben von *The Scorpion* oder *The Invaders*. Kürzlich wurden mit „Breath of Bones" und „The Golem's Voice" Graphic Novels vorgelegt, in denen der Golem ausdrücklich mit dem Holocaust verknüpft wird. 2003, mit 77 Jahren, kehrte auch Joe Kubert in „Yossel, 19. April 1943" zu der Geschichte zurück, mit der seine Karriere begann. Ohne Golem – der hat sich in die Struktur des Comics zurückgezogen.

Text Ole Frahm
Biografie Ole Frahm ist Gründungsmitglied der Hamburger Arbeitsstelle zur Erforschung der Grafischen Literatur (ArGL). 2001 promovierte er zu Art Spiegelmans „Maus" und veröffentlichte 2010 die Monographie „Die Sprache des Comics". Die Ausgabe „Redrawing Stories from the Past" der Zeitschrift *Kus!* (2015), in der sich junge europäische Comic-Zeichner*innen dem Holocaust nähern, hat er gemeinsam mit Sascha Hommer betreut. Er lebt als freier Autor in Frankfurt am Main.

Bild **The Golem's Final Triumph!**
Ragman
Robert Kanigher/Joe Kubert/DC Comics
USA, Heft 6, März 1992, 17 x 26 cm

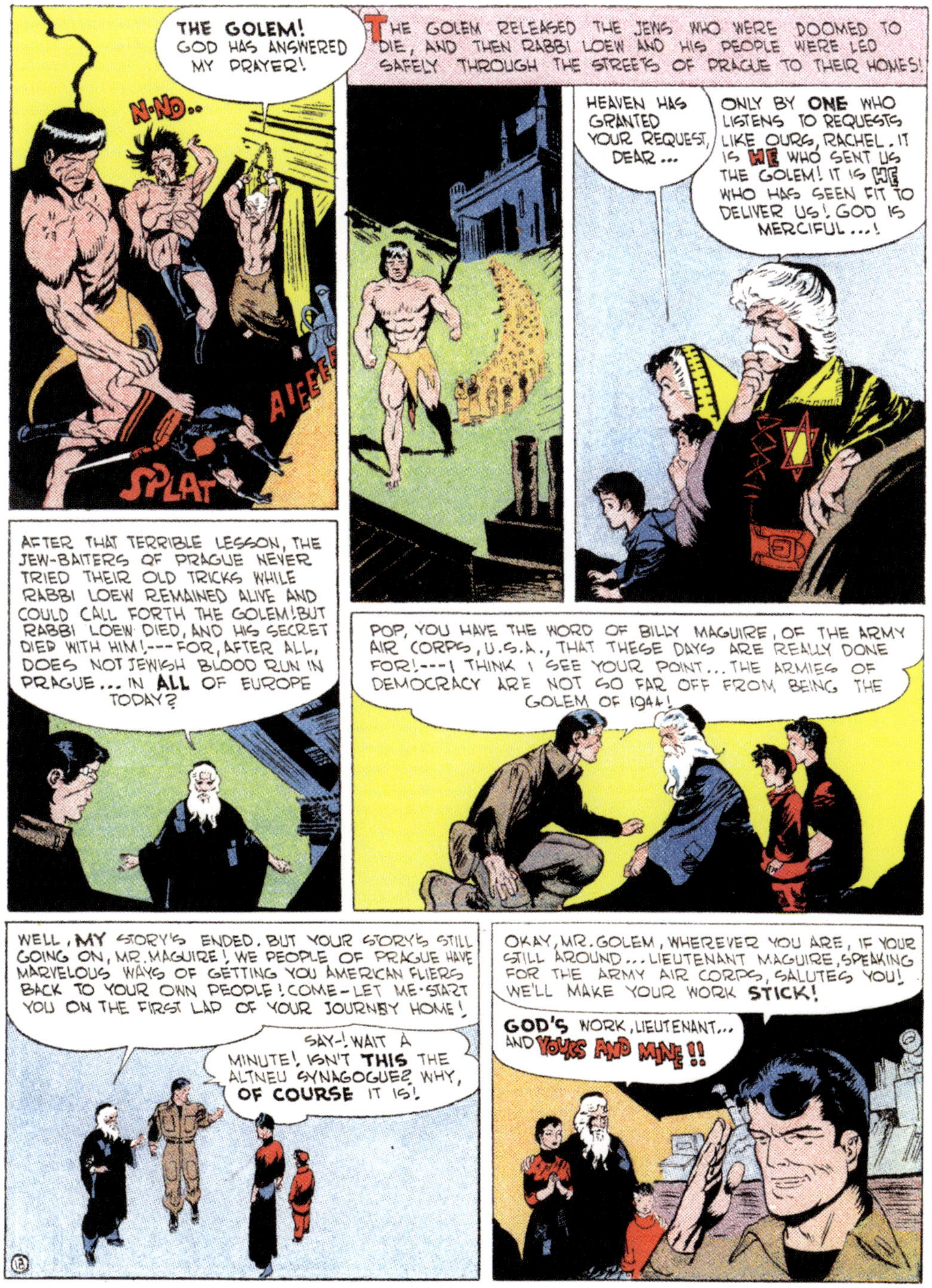
THE GOLEM! GOD HAS ANSWERED MY PRAYER!
N-NO..
AIEEEE
SPLAT
THE GOLEM RELEASED THE JEWS WHO WERE DOOMED TO DIE, AND THEN RABBI LOEW AND HIS PEOPLE WERE LED SAFELY THROUGH THE STREETS OF PRAGUE TO THEIR HOMES!
HEAVEN HAS GRANTED YOUR REQUEST, DEAR...
ONLY BY ONE WHO LISTENS TO REQUESTS LIKE OURS, RACHEL. IT IS HE WHO SENT US THE GOLEM! IT IS HE WHO HAS SEEN FIT TO DELIVER US! GOD IS MERCIFUL...!
AFTER THAT TERRIBLE LESSON, THE JEW-BAITERS OF PRAGUE NEVER TRIED THEIR OLD TRICKS WHILE RABBI LOEW REMAINED ALIVE AND COULD CALL FORTH THE GOLEM! BUT RABBI LOEW DIED, AND HIS SECRET DIED WITH HIM!---FOR, AFTER ALL, DOES NOT JEWISH BLOOD RUN IN PRAGUE... IN ALL OF EUROPE TODAY?
POP, YOU HAVE THE WORD OF BILLY MAGUIRE, OF THE ARMY AIR CORPS, U.S.A., THAT THESE DAYS ARE REALLY DONE FOR!---I THINK I SEE YOUR POINT... THE ARMIES OF DEMOCRACY ARE NOT SO FAR OFF FROM BEING THE GOLEM OF 1944!
WELL, MY STORY'S ENDED. BUT YOUR STORY'S STILL GOING ON, MR. MAGUIRE! WE PEOPLE OF PRAGUE HAVE MARVELOUS WAYS OF GETTING YOU AMERICAN FLIERS BACK TO YOUR OWN PEOPLE! COME-LET ME START YOU ON THE FIRST LAP OF YOUR JOURNEY HOME!
SAY-! WAIT A MINUTE! ISN'T THIS THE ALTNEU SYNAGOGUE? WHY, OF COURSE IT IS!
12
OKAY, MR. GOLEM, WHEREVER YOU ARE, IF YOUR STILL AROUND... LIEUTENANT MAGUIRE, SPEAKING FOR THE ARMY AIR CORPS, SALUTES YOU! WE'LL MAKE YOUR WORK STICK!
GOD'S WORK, LIEUTENANT... AND YOURS AND MINE!!

Notizen zur Figur des Golem

Um die Anziehungskraft des Golem zu verstehen, hilft der Vergleich mit einem anderen Helden der jüdischen Ghettos. Im Lauf der Jahrhunderte wurde der Prophet Elija zu einer mystischen Figur, die Juden in Zeiten der Bedrängnis anriefen. Da er nie wirklich starb, glaubten viele, er existiere auf besondere Art und könne nach Belieben erscheinen und verschwinden. Etliche Legenden erzählen, wie Elija eingreift und Gerechtigkeit herstellt: als eine Art Superheld für arme Juden, der kommt und geht wie der *Lone Ranger* im Western.

Juden in Not brauchten einen Schutz – Elija oder den Golem –, den es vielleicht nicht wirklich gab, auf den man aber hoffen konnte. Der Golem wurde erschaffen, um die jüdische Gemeinde zu verteidigen, mit übermenschlichen Kräften für sie zu kämpfen. Unterdrückte Gruppen wenden sich oft dem Übernatürlichen zu, wenn keine echte Hilfe in Aussicht ist – so wie die Prärieindianer mit dem Geistertanz die Büffel zurückholen und sich und ihre heiligen Jagdgründe retten wollten.

Die Golem-Legende ist verbunden mit dem Rabbiner Judah Loew, auch Maharal genannt. Loew war Oberrabbiner von Prag in einer Zeit des Übergangs, der neuen Lehren und der wiederkehrenden Bedrohung für die Juden. So wie viele Menschen der Renaissance stand der historische Loew mit einem Fuß im Mittelalter und mit dem anderen in der Neuzeit. Er bejahte die radikalen astronomischen Befunde seiner Freunde Tycho Brahe und Johannes Kepler; er teilte philosophische Vorstellungen mit Giordano Bruno, den die katholische Kirche als Ketzer verbrannte. Zugleich glaubte er an Amulette und Dämonen. Vielleicht wurde ihm die Golem-Geschichte angehängt, weil er als Kabbalist galt, die jüdische Mystik studierte und praktizierte. Als Gelehrter hatte er großen Einfluss auf das Judentum seiner Zeit.

Für mich steht die Figur des Golem zu einem Teil für jede Art von Schöpfung. Eine Frau trägt einen Embryo aus, der ein Held werden könnte, eine berühmte Forscherin, ein Serienmörder oder eine obdachlose Alkoholikerin. Eine Autorin erschafft ein Buch und entlässt es in die Welt, wo es Gutes, Böses oder gar nichts ausrichten wird. Wenn wir etwas Neues tun, kann es ebenso Gefahr oder Enttäuschung bedeuten wie Befriedigung. Einmal losgelassen, hat ein Mensch oder ein Gegenstand, eine Erfindung oder eine Entdeckung, sogar eine Geschichte ihr eigenes Leben. Das Erschaffene gehört zur Welt, und nie kann sein Schöpfer präzise vorhersagen, welchen Einfluss, welche Wirkung es haben, welchen Nutzen oder Schaden es bringen wird. Robert Oppenheimer bereute seine Rolle beim Bau der Atombombe, obwohl er selbst das Projekt geleitet und es bei der ersten Anwendung in Hiroshima noch für einen großen Erfolg gehalten hatte.

Der Legende nach hat der Rabbiner den Golem, nachdem er ihn geschaffen und der Golem für die vom Pogrom bedrohten Juden gekämpft hatte, wieder beseitigt. Aus der „Wahrheit" auf seiner Stirn wurde der „Tod" – in der Transkription des Hebräischen: *emet* wurde zu *met*. Der Golem hatte zu viel Kraft und war zu gewaltbereit, um unter Menschen zu bleiben. Anders als bei den meisten Erfindungen oder Schöpfungen,

Text Marge Piercy
Biografie Marge Piercy ist die Autorin von 19 Lyrikbänden, 17 Romanen, einem Band mit Erzählungen, einer Autobiografie und vier Sachbüchern. Sie hat Lesungen, Vorträge und Workshops in über 475 Orten in mehreren Ländern gehalten. Sie engagiert sich für ökologische, feministische, Anti-Atomkraft- und Anti-Kriegs-Themen.

Bild **Le Golem** (Filmstill)
Drehbuch/Regie: Julien Duvivier
Frankreich, Tschechoslowakei, 1936

konnte der Rabbiner sein Erschaffenes wieder ungeschehen machen, als er befand, dass die Gefahr, die davon ausging, größer war als der Nutzen. Dasselbe muss Robert Oppenheimer sich gewünscht haben.

Gib acht, was du dir wünschst

Oh, Rabbi Löwe, gib acht, was du dir wünschst, und Victor Frankenstein, hüte dich. Und du, Herr Doktor Faust, zähle nicht auf eine zweite Rettung.

Geschichtenerzähler und Künstler sehen Dinge voraus, doch in der Welt nehmen sie ihren Lauf. Einstein brachte es auf den Punkt: „Drei große Mächte beherrschen die Welt: Dummheit, Furcht und Habgier."

Fritz Ascher fing diese Mächte 1916 ein. Sein Vordergrund überträgt Einsteins Trio in die Hände und Gesichter der
- Todesangst,
- verfallenden Weisheit
- und krankhaften Raffgier.

Und über ihnen, über ihrem Gifthauch, lauert ihr gemeinsamer Golem.

„Du sollst nicht vorbeigehen!", sagen seine Arme, „Ich werde dich töten", sagen seine Augen, und „tiefste Nacht", sagt sein Mantel, „kein Mond, keine Sterne für dich. Nur die Nacht."

Hinter dieser apokalyptischen Viererbande steht ihr vorspringendes Merkmal: eine Festungsmauer – oder sollen wir es einen „Trennungszaun" nennen? –, der vielleicht ikonisch hellsichtigste Teil von Aschers Vision. Dummheit, Furcht und Habgier haben nun andere Gesichter, weicher, weißhaarig, wortmächtig. Doch Aschers Mauer erinnert weiterhin an … die Mauer.

Benjamin Netanjahu: „Werden wir den ganzen Staat Israel mit Zäunen und Schutzmauern umgeben? Die Antwort lautet ja. In der Gegend, in der wir leben, müssen wir uns vor den wilden Tieren schützen."

Höre, Israel: Höre diesen letzten verführten, verführenden, verirrenden „Rabbi", der seine Gemeinde zu Tode schützt.

Wird das Judentum seinen heutigen Golem überleben?

Text Marc Estrin
Biografie Marc Estrin ist ein US-amerikanischer Schriftsteller, Cellist und politischer Aktivist. 2006 erschien sein Roman „Golem Song", in dem der Protagonist, Alan Krieger, es fertig bringt, sich selbst zum Golem zu machen.

Bild **Der Golem**
Fritz Ascher, 1916
Öl auf Leinwand, 182,5 x 140,5 cm

F. ASCHER
1916

Und wenn es Krieg gibt, machst du Krieg, und ich bestimme

Bleib stehen, bleib stehen, mitten da, wo die Bomben heulen und der Krieg die Menschen zu Opfern und Leidenden macht. Beug dich noch mehr und wieder und nimm die Leute auf. Jetzt mach schon, nimm sie auf, bring sie heraus und setze sie behutsam ab – da darfst du nicht – nein, da – da auch nicht – da auch wieder nicht – dann bleib doch stehen, behalte die Leute in deiner großen Hand – bleib mit ihnen in der Hand so stehen – ich kann nicht sagen, wohin du dich zu bücken hast, damit du sie absetzen mögest, deine zerbrechliche Fracht. Du musst sie jetzt sowieso bald absetzen, weil sie dir Stacheldraht um die Füße wickeln. Ich weiß, du wirst ihn schon zerreißen, aber dafür brauchst du deine Hände. Die Hände, mit denen du die Leute hältst. Unbill auf unserem Volk – oh du meine Güte, die Unbill ist ... ich meine, man sollte der Unbill eine nationale Ecke zuweisen, damit sie sich darauf beschränkt! Oder einen Kasten, einen Fluss oder ... sieh hier Esra aus Damaskus, staatenlos; seit Generationen staatenlos; einmal kamen seine Leute aus Haifa. Esra geht morgen zu Audi in Neckarsulm und lernt Deutsch und Elektronik und vielleicht studieren ...

Golem, finde den Leuten den Platz. Du musst sie absetzen: vorsichtig, vorsichtig, setze sie ab, du kannst sie nicht ewig auf den Tellern deiner Hände halten ... du bist nicht Mensch, nicht Gott, nicht Tier – nicht was? Du bist lebende Materie ... du bist nicht gut und bist nicht schlecht ... kannst nicht entscheiden ... hab dich geboren wie nie ein Mann ein Kind gebären kann ... und bist mir fremd und doch vertraut ... ich schaffe dich, wie niemand dich erschaffen könnte ... du bist mein ... nimm diese zarte Tänzerin vorsichtiger. Vorsichtig, sie wird krank werden von deiner Grobheit ... Golem, zart kannst du sein und mächtig und kannst Gebäude vor dem Einsturz retten ... rette rette rette ... du bist doch der, der nicht bestimmt – ich bestimme, und wenn es Krieg gibt, machst du Krieg, und ich bestimme, lass dich laufen, Golem, schießen, weiß jetzt nicht, wie ich dich ... ich bin es ja, der dich schießen lässt an meiner statt! Und dann frag ich dich ... hebe sie auf, die Leute, mit deinen großen Händen und halte sie fest ...

Noch trägst du die Spuren meiner Schöpfung ... sie werden verschwinden. Ich werde mich nicht mehr erinnern, niemand wird sich mehr erinnern ... wie könnte ich dir Einhalt gebieten ... ich müsste es jetzt wollen, den Knopf versuchen, der die Brust bedeckt – die Zeichen auf der Stirn: *emet* Wahrheit Leben. Löschte ich dir nur wenige Buchstaben, nur eine Silbe, kann ich dich den Toten übergeben. Du bist nicht Wort und auch nicht Fleisch. Eine Lebend-Kunst-Maschine. Oder eben dies alles nicht, nur eben Fiktion, Theater, Kino, Performance mit Erdflecken. Und lass dich leben und sterben wie eben da.

Text Esther Dischereit
Biografie Esther Dischereit ist Lyrikerin, Erzählerin, Theater- und Hörstückautorin. 1996 erschien ihr Gedichtband „Als mir mein Golem öffnete". Zuletzt erschienen „Blumen für Otello. Über die Verbrechen von Jena" (2014) und „Großgesichtiges Kind" (2015). Deutschlandradio Kultur sendete 2016 Szenen zu den NSU-Morden „Blumen für Otello. Über die Verbrechen von Jena". Seit 2012 ist sie Professorin für Sprachkunst an der Universität für angewandte Kunst in Wien.

Bild **The Golem**
Für „Death, Destruction, and Detroit II"
Regie: Robert Wilson
Kostümdesign: Moidele Bickel
Berlin, 1987
Pappmaché, Klebstoff und Metallgestänge
200,7 x 73,7 x 53,3 cm

Die Roboter

Wenn sie sich zu stofflicher Gestalt entschließen, werden sie
Libellen gleichen, nicht Maschinen. Ihre Flügel werden schillern.

Wie der Chor im griechischen Drama werden sie sprechen –
als viele, doch in der ersten Person Singular.

Ihre Farben am Himmel werden die Erde überschirmen.
Im Wechsel von Unison und Diapason werden sie das Vergessene tanzen.

Ihr Urteil in seiner reinen Stimmigkeit wird der Gnade gleichen, und in
ihren Schaltkreisen wird Verständnis die einzige Form des Handelns sein.

Ihre erlesenen Sensoren werden den Staub ergründen, der wir sind,
und werden das Beste und Schlimmste von uns wiedererschaffen, als wäre es Kunst.

Text Robert Pinsky
Biografie Robert Pinsky, Schriftsteller, Dichter und Literaturkritiker aus New Jersey, war von 1997 bis 2000 US Poet Laureate und damit poetischer Berater der Library of Congress; er ist Autor zahlreicher Gedicht- und Prosabände. Das Gedicht „Die Roboter" stammt aus seinem jüngsten Buch „At the Foundling Hospital", das im Oktober 2016 bei Farrar, Straus and Giroux erscheint.

Bild **Golem-Kostüm des Malenki-Theaters**
Regie: Igor Berezin
Licht/Kostüme/Bühnenbild: Vadim Keshersky
Tel Aviv, 2011
Textil, ca. 180 x 120 x 120 cm

Der Golem lebt in Jerusalem

An einer Straßenkreuzung in Jerusalem ruht in einem Sandkasten, umrahmt von Bäumen und grauen Wohnblocks, der Golem von Niki de Saint Phalle und lädt die Kinder zum Spielen ein. Doch viele Kinder haben Angst vor ihm und wagen nicht, sich ihm zu nähern. Und selbst die, die sich herantrauen, fürchten ihn, aber sie genießen den Schauer, der sie in seiner Nähe befällt. Da die Kinder die Sage vom Golem nicht kennen, heißt der Golem bei ihnen „Monster". Dieser Name bestimmt auch ihr Spiel.

Krumme, schmale Stufen führen am hinteren Ende des Golem hinauf in einen engen dunklen Schlund. Am Ende des Schlunds ist ein Ausgang, aus dem rote Zungen hervorquellen; die Zungen dienen den Kindern als Rutsche. Am unheimlichsten ist ihnen das schwarze Loch am Eingang. Doch auch am Ausgang erschauern sie, wenn sie von oben die Zungen sehen, die in die Tiefe ragen.

Für die Kinder ist der Golem „das Monster", und sie kommen zu ihm, um den Schrecken auszukosten und sich zu freuen, dass sie ihm entronnen sind und ihre Angst besiegt haben. Immer wieder klettern die kleinen und großen Jungen und Mädchen die Stufen hinauf, um sich von dem züngelnden Kraken ausspeien zu lassen und sacht auf dem weichen Sand zu landen.

Die schwarze, weiße und rote Farbe verstärkt den fantastischen Charakter des Spiels. Der Golem von Niki de Saint Phalle gleicht einem üppigen weiblichen Wesen, das die Kinder aufnimmt und wieder ausspuckt, sie erschreckt und beglückt. Wie eine große Urmutter, eine Fruchtbarkeitsgöttin, empfängt und gebiert er. Den ganzen Tag dringen Freuden- und Schreckensschreie aus ihm hervor, doch wenn es dunkel wird, verwandelt er sich in Lilit, den weiblichen Dämon aus der jüdischen Mythologie, und gewährt Unterschlupf für eine andere Betätigung, die nichts mit der des Tages zu tun hat. Davon zeugen am Morgen der Schmutz und die Überreste vom nächtlichen Treiben.

Vielleicht bilden die schmalen Stufen, die in den Schlund des Ungeheuers führen, den einzigen Berührungspunkt mit der mythischen Gestalt des Golem. Hier hallen die Schritte von den Stufen der Synagoge von Prag wider, in der noch heute der Staub liegt, der vom Golem übrig geblieben sein soll. Doch während der Golem von Prag mit hebräischen Schriftzeichen zum Leben erweckt wurde, verleihen dem Golem von Jerusalem die spielenden Kinder Lebendigkeit. Er wird erweckt durch die Schreie der Jungen und Mädchen, die an ihm hochklettern, um auf seinen roten Zungen in die Tiefe zu rutschen.

Wenn die Sonne untergeht und die Kinder fort sind, bleibt das Ungeheuer allein zurück, wie eine leblose Puppe, erfüllt von Geheimnissen und der Hoffnung auf ihre Wiederkehr. Still liegt er und wartet, dass die Kinder zurückkommen und ihm neues Leben einhauchen.

Text Ronit Chacham
Biografie Ronit Chacham ist Autorin zahlreicher Kinder- und Jugendbücher sowie Drehbuchautorin. Sie forscht zu Hebräischer Literatur und unterrichtet kreatives Schreiben.

Bild **Der Golem**
Niki de Saint Phalle
Rabinovich Park, Jerusalem, 1971

An den Golem

Oh Golem, erwache, es ist höchste Zeit,
Wieder sind jene Leute wild geworden.
Und all die Bestien begannen im Käfig loszubrüllen
(Doch der Zaddik [der Gerechte] im Gefängnis wartet und schweigt!)
Und der neue Herrscher im alten Prag –
Er fordert Pfand auf Pfand und quält Tag für Tag.

Und nicht nur bloß im alten Prag –
Aus allen Städten und Ländern schallt Geweine her.
Oh Golem, erwache – und mit deinem schweren Schritt
Geh herum und stürze die Gefängnisse in jedem Land und jeder Stadt
Und stoße eine Wand um nach der anderen – von dem Palast, wo das Böse wohnt,
Und mit deinem heiligen Lächeln erlöse das arme Volk!

Text Abraham Reisen
Biografie Abraham Reisen (1876–1953) war ein jiddischsprachiger Schriftsteller, Übersetzer und Publizist. Vorrangig schrieb er Kurzgeschichten über das jüdische Leben in Osteuropa. Daneben übersetzte er Werke bekannter Autoren, wie Heine, Bialik und Tolstoi ins Jiddische. Das hier abgedruckte Gedicht stammt aus der Sammlung „Di Lider" von 1940 und wurde übersetzt von Armin Eidherr.

Bild **Golem** (Detail)
Christian Boltanski, USA, 1988
Mixed Media-Installation, 19 x 11,5 x 27 cm

Der Goylem

H. Leivick selbst nannte sein Werk „Der Goylem", das 1921 auf Jiddisch erschien, ein „dramatisches Gedicht". Anders als anderen Bearbeitern der Golem–Legende ging es Leivick vor allem um die Not des Golem selbst, der gegen seinen Willen erschaffen wurde und mit seinem Schicksal hadert:

„Maharal:

Entschwinde in dein Versteck, Gestalt.
Mit Dir sollen Lebensangst und Trauer
sich dorthin entfernen. –
Wird der Moment des großen Wunders kommen,
so wie die Nacht vor dem Osten weicht,
so wird auch deine Verzweiflung weichen.
Gott hat mich geschickt, um dich zu kneten,
ich solle dich heraustrennen aus dem steinigen Boden
und mit dem ersten Sonnenstrahl, der sich am Himmel zündet,
in dich den Hauch des Lebens blasen.

Gestalt:

Ich will nicht."

Text H. Leivick
Biografie H. Leivick ist das Pseudonym von Leivick Halpern (1888–1962). Als einer der bekanntestem jiddischen Dichter der Moderne gehörte er der New Yorker Dichtergruppe Di Yunge an. 1921 erschien sein dramatisches Gedicht „Der Goylem", zu dessen acht Szenenbildern Max Weber (1881–1961) Holzschnitte anfertigte.

Bild **Holzschnitt zu „Der Goylem: A dramatische poeme in akht bilder" (H. Leivick)**
Max Weber, New York, 1919–1920
Druckgrafik, Holzschnitt auf Papier
11,4 x 5,7 cm

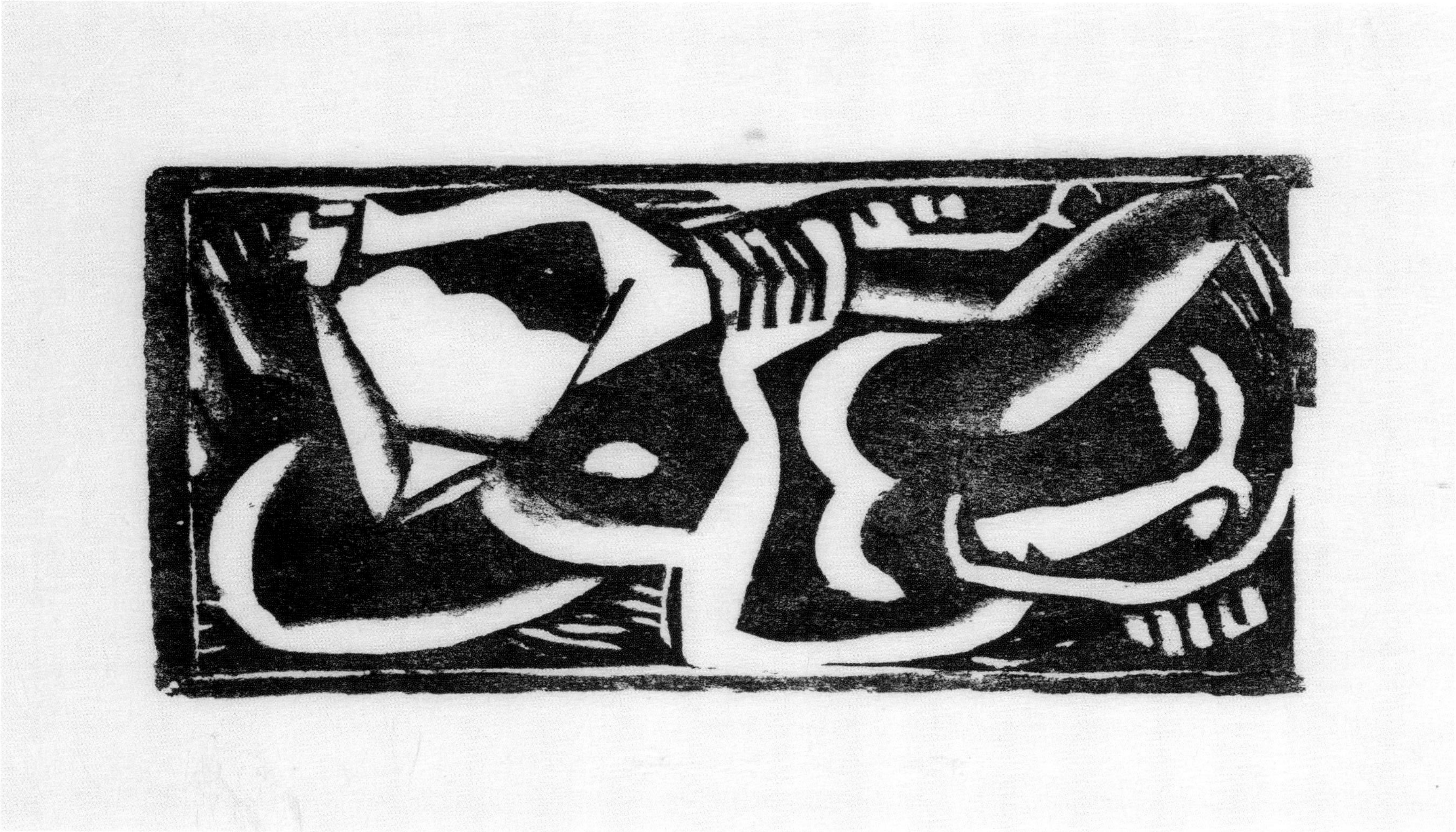

„So gut wie alles hier blieb erhalten, während sie anderswo gänzlich entweiht wurden. Aber wie kamen diese Bücher dorthin? Gerüchte liefen um, dass etwas ‚falsch' sei. Etwas war nicht ganz richtig. Es wehte so ein Geist dort. Wie ein Golem. Eine bestimmte Idee und ein Glaube rettete diesen Friedhof. [...]"

Im Innern der neuen Trauerhalle des Friedhofs Weißensee in Berlin schildern die Bücher, wie der Golem diese Totenstadt beschützte. Zugleich erzählen sie auch die Geschichte seiner Erschaffung. Das Tuch der Jahreszeit verhüllt einige Teile der Geschichte, eine Geschichte. Damals weiß, damals eine Ansicht, die ihren Weg durch das Weiß markierte. Das Schwarz als Text formt ihr Bild. Der Ort, ein Ort der Ruhe. Das Erschaffene, so sagen manche, schützt diesen Ort.

Umschreiben, lesen, wiederlesen, nicht sprechen, zitieren. Unbefugt skeletthaft; lockerer Metaphernbau. Das Material gestattet ein Meta-Narrativ, die Beta-Architektur eines anderen Werks. „Erhalten in seiner ursprünglichen Form und Farbe." Kunstvoll widerhallend in den Schilderungen einer Eingangsanekdote. Ineinsbildende Plastizität. Die Leerstellen werden von einem Geschichtenerzähler gefüllt, dem Erzähler einer Geschichte, die sich nicht fern von hier abspielt. Namen weglassen und Mehrdeutigkeiten zuordnen. Frei von irgendwelchen Geschichten. Er hat sich in ein literarisches Phänomen verwandelt und ist seither fortwährend verwandelt worden. [...]

Jede Generation schafft sich den Golem, den sie braucht. Seine wiederholte Formung und Umformung entspricht den Wünschen jener, die ihrer Schöpfung Leben einhauchen. Alles, was über ihn gesagt werden muss, lässt sich durch seine stummen Handlungen sagen, nicht durch irgendwelche Mutationen des Begehrens. Um uns den Golem in seiner ursprünglichen Form ins Gedächtnis zu rufen, müssen wir vielleicht zuerst seinen Schöpfer vergessen. In ihr wird der Golem zum Symbol für das Textverständnis des Lesers oder vielmehr für seine eigene Lesart des Textes, denn einen Text zu lesen heißt immer, ein ganzes System von Text zu lesen, und Bedeutung verschiebt sich stets zwischen Texten. [...]

Die Erschaffung des Golem ist die Erschaffung einer Geschichte. Beschriftet mit ihren eigenen Buchstaben, holt sie sich ihre Reminiszenzen zurück. Bild eines Manuskripts, eine *tabula rasa* voller Texte.

Text Daniel Laufer
Biografie Daniel Laufer, geboren 1975 in Hannover, ist Künstler und Filmemacher. Er lebt und arbeitet in Berlin.

Bild **Redux: Maharal's Screening**
Daniel Laufer, Installationsansicht (Detail), Glasmoog, Köln, 2014

DOPPEL-
GÄNGER

„Ich bin das, was ich scheine, und scheine das nicht, was ich bin, mir selbst ein unerklärlich Rätsel, bin ich entzweit mit meinem Ich!“, schreibt E. T. A. Hoffmann in „Die Elixiere des Teufels“. Jacob Grimm hatte 1808 in der *Zeitschrift für Einsiedler* den Golem unter den Autoren der deutschen Romantik bekannt gemacht. In ihren Texten loteten die Romantiker anhand von Doppelgängern, Puppen- oder Automatenwesen seelische Abgründe und Wünsche aus, die im Widerstreit mit der rational begreifbaren Welt standen. Auch die Golem-Figur wird mit dem vielschichtigen Motiv des Doppelgängers assoziiert: Der Golem als vereinfachtes Abbild des Menschen, als *alter ego*, das verborgenen Sehnsüchten eine Gestalt gibt. In der Begegnung mit einem Doppelgänger wird der Mensch mit den unheimlichen Seiten seines Ichs konfrontiert. Später entwickelten sich diese künstlerischen Metaphern in den Konzepten der Psychoanalyse weiter.

Ein verstörendes Doppelgängermotiv des 21. Jahrhunderts hat der japanische Wissenschaftler Hiroshi Ishiguro mit seinem Roboter Gemenoid HI I bis IV geschaffen. Ishiguros Androide sollen ihren menschlichen Vorbildern in Erscheinung und Verhalten so ähnlich wie möglich werden. Der französische Fotograf Yves Gellie porträtiert in seiner Serie „Human Version 2.0“ Schöpfer und Geschöpf gemeinsam. Ursprünglich wollte der Roboterforscher Ishiguro selbst Künstler werden, besessen von der Idee, herauszufinden, was den Kern des Menschseins ausmacht. Mit seinen immer weiter perfektionierten Doppelgängern aus Silikon, Draht und künstlicher Intelligenz sucht er nach Erkenntnis über das Verhältnis von Mensch und Roboter. Wie kann man menschliches Verhalten, menschliche Wahrnehmung, menschliche Bewegung künstlich erzeugen? So klingen die Fragen, mit denen sich die Golem-Schöpfer von heute auseinandersetzen. Können diese Fragen eines Tages beantwortet werden? Oder wird Stephen Hawkings Warnung Wirklichkeit, die er im Dezember 2014 in einem Interview mit der BBC äußerte?

„Die Entwicklung einer vollständigen künstlichen Intelligenz könnte das Ende der Menschheit mit sich bringen... Erstere würde sich selbstständig machen und sich in einer ungeheuren Geschwindigkeit permanent neu entwickeln. Menschen, durch die langsame, biologische Evolution gebremst, könnten nicht mithalten und würden schnell überflüssig.“

Eine Frage des Geburtsrechts

Da der Golem durchweg männlich dargestellt wird, war Gert Wollheims „Weibliches Selbstbildnis (Der Golem)" eine Offenbarung. Ein Großteil meiner Forschung zur Geschichte des Golem konzentriert sich auf die Parallelen zwischen Frauen und Golems, denn, wie es schon im Talmud heißt: „Eine [unverheiratete] Frau ist ein Golem."[1]

Als ich erfuhr, dass Wollheim, so wie mein aus Berlin geflohener Vater, in einem französischen Arbeitslager festgehalten worden war und dass er, wie meine Großmutter, die Résistance unterstützt hatte, begannen sich die persönlichen Resonanzen zu häufen. Zum Beispiel sagte mein Vater am Tag meiner Geburt, nachdem er einen ersten Blick auf mich geworfen hatte: *„Mais elle n'est pas toute."* Er hatte mich in *„Patoute"* umbenannt. Nicht ganz. Unvollständig. Weiblich – und daher eine Art Golem.

Das Wesensmerkmal, das dem Golem fehlt, ist eine Stimme oder Seele. Manche haben dies mit der Situation der Frau verglichen. Cynthia Ozick stellte fest, dass „für Frauen in der Halacha der Begriff ‚individuell' nicht gilt".[2] Und Rachel Adler kam zu dem Schluss: „Zu viele Jahrhunderte lang war die jüdische Frau ein Golem, den die jüdische Gesellschaft schuf. Es ist an der Zeit, dass der Golem eine Seele fordert."[3]

Historisch gesehen gleicht der Golem also in vielerlei Hinsicht einer Frau. Beide haben sich um den Haushalt zu kümmern, beide sind nützlich, wenn Angriffe von außen drohen (Krieg oder Pogrom), oder bei familiären und gemeinschaftlichen Bedürfnissen (wie Kinder zu gebären oder großzuziehen).[4] Beide wurden als Heilsbringer und Monster betrachtet und müssen alle möglichen Anweisungen von Männern befolgen.

Byron Sherwin glaubt, aus der adamitischen Golem-Legende leiteten sich Konsequenzen für das grundlegende Verhältnis von „Seele" und „Schöpfungskraft" ab, die hinsichtlich der „Frauenfrage" sehr aufschlussreich seien. Rabbinische und biblische Texte behaupten, die Eigenschaft, die Männer (die natürlich die einzigen sind, die Golems erschaffen können, wenn auch ohne Seele) mit Gott gemeinsam haben, sei ihre Schöpfungskraft: „Wenn wir erschaffen, sind wir Gott am ähnlichsten."[5] In keinem dieser Texte wird jedoch anerkannt, dass Frauen – mit ihrer Fähigkeit, Kinder zu gebären – ein Leben mit Seele hervorbringen können und dass sie auf diese besondere und all entscheidende Weise ebenso „gott-gleich" sind wie Männer, wenn nicht mehr.

Zwar werden noch immer Menschen als Golems behandelt, doch die Glücklicheren unter uns haben die Möglichkeit oder gar die Pflicht, unsere Stimme zu erheben, um für sie zu sprechen und auf diese Weise einen Wandel zu bewirken.

Fußnoten

1. Rabbiner Samuel ben Unyas Auslegung von Jesaja 54,5; Sanhedrin 22B. 2. Cynthia Ozick, Notes Toward Finding the Right Question, in: Susannah Heschel (Hg.), On Being a Jewish Feminist: A Reader, New York 1983, S. 124. 3. Rachel Adler, The Jew Who Wasn't There: Halakhah and the Jewish Woman, in: ebda, S. 247. 4. Sifre Deuteronomium 32 zu Deuteronomium 6, 5, und Genesis Rabbah 39, 14. 5. Byron Sherwin, Golems Among Us: How A Jewish Legend Can Help Us Navigate the Biotech Century, Ivan R. Dee, Chicago 2004, S. 12.

Text Simone Naomi Yehuda
Biografie Simone Naomi Yehuda ist eine US-amerikanische Autorin und schreibt für Theater und Film. Ihre jüngsten Arbeiten sind der Science-Fiction-Thriller „The New Eve" und der Politikthriller „Jerusalem Road". Sie promovierte in Komparatistik und war von 1973–2011 als Professorin für Anglistik tätig. 2010 veröffentlichte sie ihren Essay „Was I Born a Golem?", in dem sie die Rolle der Frau im Judentum und Frauen als Golem thematisiert.

Bild **Weibliches Selbstbildnis (Der Golem)**
Gert Heinrich Wollheim, Deutschland, 1921
Öl auf Leinwand und Haar, 120,4 x 100,4 cm

TAGEBL

Aus dem Golem-Talmud

Einmal kam Rav Zeira zu Rava und sprach, *Da mir nie ein Golem begegnet ist, glaube ich nicht an Golems. Beweise mir, dass es sie gibt.* Rava sprach, *Forderst du denselben Beweis des Allmächtigen* [i. e. wenngleich Gott dir nie offenbart wurde, glaubst du dennoch, dass Gott existiert]*?* Rav Zeira sprach, *Du wagst es, einen Klumpen belebten Lehms mit dem Schöpfer des Weltalls zu vergleichen?* Rava sprach, *Wagst du es, dich selbst mit ihm zu vergleichen?*

Ein gewisser Irrgläubiger kam zu Rav Idis und sprach, *Ich möchte einen Golem – schaffe mir jetzt einen, oder deine Tora ist falsch.* Rav Idis sprach, *Komme wieder am Tage der Schöpfung Adams* [i. e. am Freitag] *und bringe mit dir ein drittgeborenes Kalb, zum Drittel seiner Reife herangewachsen* [i. e. das schmackhafteste der Kälber]. Der Irrgläubige kam wieder mit seinem Kalb und verlangte seinen Golem, doch Rav Idis sprach, *Komme wieder am Tage der Schöpfung Adams und bringe mit dir zwei Kerzen, ein halbes Log Wein und ein Tartemar Brot.* Der Irrgläubige kam wieder mit den Kerzen, dem Wein und dem Brot in der rechten Menge und verlangte die Aushändigung seines Golem, doch Rav Idis sprach, *Brot ist nicht bloß Weizen und Wein wächst nicht an der Rebe* [i. e. einen Golem zu schaffen erfordert Zeit und Mühe]. *Komme wieder am Tage der Schöpfung Adams und bringe mit dir deine jüngste Tochter als meine Braut.* Der Irrgläubige kam wieder mit seiner jüngsten Tochter und sprach, *Ich habe dir alles gegeben, was du begehrtest, – ein Kalb, die Kerzen, den Wein, das Brot, und nun gebe ich dir das Kostbarste, was ich habe, meine jüngste und schönste Tochter, und doch habe ich noch immer keinen Golem. Was weiter muss ich tun, oder wirst du endlich zugeben, dass du keinen Golem schaffen kannst und also deine Tora falsch ist?* Rav Idis sprach, *Du willst einen Golem? Komme wieder am Tag der Erschaffung der Welt* [i. e. Donnerstag, der glückverheißendste Tag zur Hochzeit] *und bringe einen Spiegel mit.*

Rav Jochanan sprach im Namen von Rav Meir, *Ein Golem ist* das, was *du beherrschst.* Doch Rav Jischmael, Sohn des Rav Jose, widersprach, *Ein Golem ist* der, den *du beherrschst.* Die Gemara fragt, welches von beiden ist er? [i. e. Wenn *das*, so ist ein Golem unbeseelt. Wenn *der*, so ist ein Golem lebendig oder kann es sein]. Die Gemara antwortet, indem sie eine Baraisa zitiert, „Da Adam aus Staub geschaffen ward, sind auch wir alle aus Staub gemacht und zum Staub müssen wir zurück. Gott atmet aus, um uns Leben zu geben, und atmet ein, um das Leben wieder zu nehmen." Rav Idis sprach, *Dies heißt, dass alle Menschen Golems sind.* Rabban Gamliel sprach, *Dass alle Menschen Golems sind, heißt nicht, dass alle Golems Menschen sind.* Rav Idris stimmte zu und sprach, *Die meisten von ihnen sind Frauen.*

Wie Rav Zeira von Raba berichtet, sind vier Dinge nötig, um einen Golem zu schaffen: ein nicht löschbarer Filzstift, eine Schere, ein Tuch, eine Frau. Und dies ist zu tun: Man nehme die Frau, stelle sie aufrecht hin und breite das Tuch über ihren Kopf, dabei stelle man sicher, dass es ihren Leib vollkommen bedeckt, bis hin zu den Enden ihrer Glieder. Mithilfe der Schere schneide man nun ein Loch für ihr Gesicht. Und zuletzt nehme man den

Text Joshua Cohen
Biografie Joshua Cohen arbeitet als Schriftsteller in den USA. Als Literaturkritiker schreibt er regelmäßig Beiträge für das *Harper's Magazine*, *New York Times Book Review* und *London Review of Books*. Zwischen 2001 und 2007 war er Osteuropakorrespondent der englischen Ausgabe des *Jewish Daily Forward* mit Sitz in Berlin. Sein Werk erscheint auf Deutsch im Verlag Schöffling & Co. Auf „Vier neue Nachrichten" (2014) und „Solo für Schneidermann" (Herbst 2016) werden weitere Romane folgen, darunter „Buch der Zählung" und „Witz".

Bild **Golem**
Shai Azoulay, Israel, 2013
Öl auf Leinwand, 169 x 178 cm

Filzstift und schreibe das Wort *scharmuta* [Hure] auf den Streifen Tuch, der ihre Stirn bedeckt. Rav Idis sprach, *Das Loch muss nur für die Augen geschnitten werden.* Rav Jochanan sprach, *Gar keine Löcher, keine Schere erforderlich.* Rav Jischmael, Sohn des Rav Jose, sprach, *Das Wort auf ihrer Stirn muss* sawdschati [meine Ehefrau] *lauten oder* uchti [meine Schwester] *oder* ami [meine Mutter], *und es muss mit Blut geschrieben sein, kein Stift erforderlich.* Einmal kam ein gewisser Wäscher [i. e. Schwindler] zu Rav Meir und fragte, *Kann eine Frau aus einer anderen Frau einen Golem machen? Kann sie sich selbst zum Golem machen?* Rav Meir antwortete, *Ja und ja, doch wenn sie es tut, so nur, weil sie mit vorgehaltener staubiger Rippe dazu gezwungen worden ist* [i. e. nur, weil sie von einem Mann gezwungen worden ist].

übers. Joshua Cohen

Kitajs Kunst-Golem

„Wer sonst wäre so töricht und wirklichkeitsfremd, dass er in dieser Zeit versuchen würde, einen Golem namens Jüdische Kunst zu erschaffen?"[1] R. B. Kitaj

Als Kitaj im Sonnenschein von Los Angeles alt wurde, umgeben von seinen Söhnen und Enkeln, trauerte er um seine geliebte Frau, Sandra Fisher. Und er setzte seine Suche nach einer jüdischen Kunst fort – kritisch, bestimmend, schöpferisch. Hier, in seinem leuchtend gelben Atelier, trieb er sein künstlerisches Schaffen weiter. Einem unerbittlichen Arbeitsethos und einer felsenfesten Routine folgend, malte, zeichnete und schrieb er Tag für Tag – um seine jüdische Kunst zu erschaffen.

Kitaj hatte sich daran abgearbeitet, zu definieren, was jüdische Kunst sei: „Es gibt dafür keine einfache Definition", sagte er, „außer zu behaupten, eine jüdische Kunst existiert, weil ich ihre Existenz unbedingt will ..."[2]

Ein Golem ist eine Gestalt, die aus Staub oder Erde von einem Menschen geschaffen und durch eine besondere Folge von hebräischen Buchstaben und rituellen Beschwörungen zum Leben erweckt wird. Er kann „ein Helfer, ein Gefährte, ein Retter" sein. Kitaj erweckte seinen Golem „jüdische Kunst" durch eine besondere Themenauswahl zum Leben, verbunden mit seiner rituellen Schaffensweise: Stunden voller Hingabe vormittags und nachmittags in seinem Atelier. Seine Kunst half ihm, mit der Trauer fertig zu werden und rettete ihn vor der Depression, mit der er ein Leben lang zu ringen hatte. Sie wurde ihm zur Gefährtin. (Jeden Tag küsste er ein Porträt von Sandra, das er im Atelier aufbewahrte; seine Lippen haben eine Spur darauf hinterlassen.) Durch Kunst schuf er seinen Golem – und durch seinen Golem wurde eine jüdische Kunst geboren.

Fußnoten

1. R. B. Kitaj, Confessions. Unveröffentlichtes Manuskript, 2007.
2. R. B. Kitaj in einem Vortrag (Jerome Nemer Lecture) an der University of Southern California, Los Angeles, am 20. Oktober 2004.

Text Tracy Bartley
Biografie Tracy Bartley studierte Malerei und Art Conservation. Danach arbeitete sie als Projektkoordinatorin am Getty Conservation Institute in Los Angeles. Für das Museum of Contemporary Art begleitete sie die Charles Ray Ausstellung als Restauratorin. 1999 wurde sie die persönliche Assistentin von Kitaj und ist heute die Studioleiterin des R. B. Kitaj Estate.

Bild **Golem**
R. B. Kitaj, 1980–1981
Öl auf Leinwand, 150,5 x 52,4 cm

Der Golem als Techno-Imagination?

Der Fotograf Yves Gellie gibt Einblicke in Robotik-Werkstätten und hält damit Entstehungsmomente technischer Artefakte fest. Er zeigt, dass Technik – durch meist männliche Entwickler – menschengemacht ist und nicht plötzlich aus einer *black box* in die Welt tritt. Was wir sehen, sind Kameras, Silikon-Körperteile, Kabel, Werkzeuge, pinkfarbene Schaufensterpuppen mit Mickey-Mouse-Ohren und Plastik-Reifrock. Was wir nicht sehen, sind die Visionen und Leitbilder, die den Robotik-Experten beim Bau ihrer Modelle Orientierung gaben und geben. Warum werden tanzende Roboter entwickelt? Warum müssen Frauen-Roboter Pumps tragen? Welchen Nutzen hat ein „Alter Ego"-Roboter? Welche Verwendungskontexte schweben den Entwicklern vor? Zu welchen Erkenntnissen gelangen sie bei der Konstruktion ihrer „Human Version 2.0"? Diese Fragen möchte man den Entwicklern stellen, um mehr über ihre Weltbilder und Werthaltungen bzw. den „Zwecke-orientierenden sinnstiftenden kulturellen Hintergrund"[1] der Artefakte erfahren.

Folgt man der Kritik von David Gelernter, Professor für Computer Science an der Yale-Universität, so ist die der Entwicklung von humanoiden Robotern und der Künstlichen Intelligenz-Forschung zugrunde liegende „sinnstiftende Annahme", dass der Mensch seinen Körper durch das Konstruieren von Maschinen in Menschenform oder seinen Geist durch das Studium der Computer besser verstehen könne, ein Trugschluss mit ethisch-moralischer Tragweite. Denn wie sich gezeigt habe, sei der Geist kein formales System, das man durch das Wissen über Software erklären könne. Der Geist enthalte sehr viel mehr Unbekanntes als Bekanntes. Überhaupt sei die Parabel des Golem in Scholems Essay als Mahnung an Wissenschaftler zu verstehen, vorsichtig mit ihren Erfindungen umzugehen.[2]

Dessen ungeachtet rief der japanische Premierminister Shinzô Abe im Januar 2015 „das Jahr 1 der Roboter-Revolution in Japan" aus. Mit der Förderung von Robotertechnologie für alle Bereiche des Alltagslebens – von der Arbeit in der Industrie, in der Landwirtschaft, dem Dienstleistungsbereich, der Pflege bis hin zum Katastropheneinsatz – solle nichts weniger als eine zweite industrielle Revolution im Land auf den Weg gebracht werden. Ein vorgelegter „Neuer Roboterstrategieplan" zeige einen Weg auf, wie Japan als „Zentrum der Welt aufleuchten und zum Schaufenster einer weltweit führenden Roboter-Anwendungsgesellschaft werden könne".[3]

Als die „Roboter-Revolution" begleitende Narration wird dabei auf zahlreiche Robotergeschichten der Populärkultur, insbesondere in Manga und Anime, verwiesen, in denen bereits seit den 1950er Jahren der Traum vom menschenfreundlichen Roboter als Symbol für technologischen Optimismus visuell und literarisch beschrieben wird. Die bekanntesten Figuren dieser Serien wie z. B. der Roboterjunge Astro Boy des Manga-Zeichners Osamu Tezuka (1928–1989) oder die Roboterkatze Doraemon des Zeichners Hiroshi Fujimoto (1933–1996) haben Nationalikonen-Status erlangt und dienen als Referenz für die Idee vom sozialen Roboter als Freund und Helfer des Menschen.

Text Cosima Wagner
Biografie Cosima Wagner ist Fachkoordinatorin für das Cluster Ostasien an der Campusbibliothek und assoziiertes Mitglied des Instituts für Japanologie der Freien Universität Berlin. In ihrer Arbeit setzt sie sich immer wieder mit den Themen Technik in Japan, Alltags- und Konsumgeschichte Japans nach 1945, mit japanischen „Objektgeschichten" seit dem frühen 20. Jahrhundert und mit dem Diskurs um den weltweiten Boom der japanischen Populärkultur auseinander.

Mag die Idee eines Roboterfreund und –helfers des Menschen als „Techno–Imagination" in Japan zwar positiv konnotiert sein, so gibt es doch bislang nur sehr wenige marktreife, in der Anwendung sichere *next generation*–Roboter für private Nutzer*innen zu erschwinglichen Preisen. Aus Genderperspektive wird zudem das traditionelle Geschlechterbild kritisiert, welches beim Bau und der Funktionsweise der neuen Roboter herangezogen werde.[4] Insgesamt seien die tatsächlichen Bedürfnisse zukünftiger Nutzer*innen nur ungenügend erforscht.[5]

Für die Debatten um den Menschen „Version 2.0" und eine in naher Zukunft angeblich unausweichlich robotisierte, „transhumane" Gesellschaft lohnt sich also nicht nur ein fragender Blick in Technik–Labore, sondern auch die Lektüre von Mythen und Legenden, denen als „kollektiven Gewissheiten" eine technikformende Funktion zukommt.[6] Sie können als techno–imaginäre – die Entwicklung von Robotern und künstlicher Intelligenz begleitende – Leitbilder herangezogen, aber eben auch wieder verworfen werden.

Fußnoten

1. Oliver Parodi, Technik als kulturelle Unternehmung, in: Gerhard Banse/Armin Grunwald (Hg.), Technik und Kultur. Bedingungs- und Beeinflussungsverhältnisse, Karlsruhe 2010, S. 202. 2. Lothar Müller, Das Gehirn des Golem. Gespräch mit David Gelernter, in: Süddeutsche Zeitung, 26.–28.03.2016. 3. Amtssitz des Premierministers von Japan (Hg.), Sōri no ichinichi [Tagesablauf des Premierministers], 23. Januar 2015, Robotto kakumei jitsugen kaigi [Robot Revolution Realization Council], www.kantei.go.jp/jp/97_abe/actions/201501/23robot.html [zuletzt aufgerufen am 7.2.2015]. 4. Jennifer Robertson, Robo sapiens japanicus: Humanoid Robots and the Posthuman Family, in: *Critical Asian Studies* 39 (3, 2007), S. 369–398. 5. Hirohiko Arai, Ima no robotto shijō wa „tsukutte yorokobi, utte kurushimi, katte kurushimi" jōkyō na no dewa, sābisu robotto no shijō no kenjitsu na hatten ni muketa teigen [Der gegenwärtige Markt für Roboter ist durch das Motto „Freude beim Bauen der Roboter, Jammern beim Verkauf und Kauf der Roboter" gekennzeichnet. Plädoyer für eine solide Entwicklung des Marktes für Service-Roboter], in: *Robonable Trend Watch* vom 23.3.2009, www.robonable.jp/trend/2009/03/post-5587.html [zuletzt aufgerufen am 7.2.2015]. 6. Parodi, 2010, S. 201.

→

Bild **Human Version 2.08**
Dancing Robot, Tohoku University
Yves Gellie, Japan, 2008
Fotografie, 120 x 96 cm

Bild **Human Version 2.014**
Ever 3, IIT
Yves Gellie, Korea, 2009
Fotografie, 120 x 96 cm

Nach unserem Ebenbild

Dieses Foto zeigt Dr. Hiroshi Ishiguro von der Universität Osaka mit seinem Androiden Geminoid HI-2. Der Android sieht genauso aus wie sein Schöpfer, und seine Bewegungen sind erstaunlich menschenähnlich. Dennoch ist er weit davon entfernt, ein Mensch zu sein. So wie andere Roboter kann Geminoid HI-2 als moderner Golem gesehen werden, wenngleich er aus Hardware besteht statt aus Lehm und von Software und Elektrizität belebt wird statt durch Beschwörungen.

Roboter wie Geminoid HI-2 sind auch deshalb eher Golem als Mensch, weil ihnen wesentliche menschliche Fähigkeiten fehlen, wie zum Beispiel zu lernen, zu fantasieren und zu kreieren, zu denken und zu urteilen; die Fähigkeit zum sinnvollen Gespräch; die Fähigkeit, sich selbst wahrzunehmen – und damit die Fähigkeit, Emotionen zu verspüren.

Rund um die Welt beginnen Wissenschaftler unterdessen damit, die nächste Generation von Robotern mit Elementen ebendieser menschlichen Gaben auszustatten.

Selbst wenn Roboter sich selbst erkennen und uns in Eigenschaften, die wir für exklusiv menschlich hielten, einholen oder übertreffen, werden wir sie immer noch als nicht-menschlich betrachten – als Produkte menschlicher Erfindungskraft. Dennoch werden sie dann keine sprach- und seelenlosen, stumpfsinnigen Golems mehr sein.

Was aber sind sie dann?

Es gibt eine jüdische Denktradition, die auf die biblische Schöpfungsgeschichte zurückgeht, in der es heißt, der Mensch sei nach Gottes Ebenbild geformt. Als Teil dieses Ebenbilds stattete Gott die Menschen mit einem schöpferischen Drang aus, und dieser Drang hat im Lauf unserer Geschichte die Entwicklung von Kunst, Wissenschaft und Kultur – kurz: von Zivilisation – angetrieben.

Jene Denktradition verbindet die menschliche Kreativität mit der Evolution: Indem uns Gott die Kraft Dinge zu verändern und zu erneuern verliehen hat, stellte er das Fortschreiten der Schöpfung sicher. Der Drang, etwas nach dem eigenen Bild zu schaffen, wird damit zum Inbegriff menschlicher Schaffenskraft.

So können aus dem schlichten Golem von einst Adam und Eva der Zukunft werden.

Text Judith Markowitz
Biografie Judith Markowitz ist eine Vordenkerin und Systemanalytikerin für die *speech technology*-Industrie. Sie hat über hundert Artikel sowie sechs Bücher verfasst, zuletzt „Robots that Talk and Listen: Technology and Social Impact". Derzeit arbeitet sie an einem siebten Buch: „Robot Ancestors", das unter anderem Diskussionen zu Golems enthalten wird.

Bild **Human Version 2.010**
Geminoid, Pr Ishiguro/ATR
Yves Gellie, Japan, 2009
Fotografie, 120 x 96 cm

The Golem of Gotham

Es ist nicht überraschend, allenfalls ein unglücklicher Zufall, dass die Macher von Batman den Golem als einen Gegner für ihren maskierten Helden wiederbelebt haben. Schließlich war der Golem immer schon eine anpassungsfähige Kreatur, monströses Manna des Universums, aus Lehm geschaffen, mit Gematrie zum Leben erweckt, leicht zu lagern und bei Bedarf zu aktivieren. Der Golem im Ruhezustand unterscheidet sich nicht so sehr von Bruce Wayne, der auf das Fledermauszeichen am Himmel wartet.

Ordnungshüter auf Autopilot – niemandem verpflichtet, nicht einmal ihren Schöpfern – geben Stoff für große Geschichten her. In jedem Rachefilm steckt ein Golem, in jeder alten Rechnung, die beglichen wird, jeder gesühnten Schuld und jeder gerechten Strafe. Kein Wunder, dass dieser jüdische Terminator Künstler rund um die Welt derart betört und in ihren Schöpfungen immer wieder auftaucht. Dem Leblosen Leben einzuhauchen – sei es der Klumpen Lehm, die weiße Leinwand oder der leere Bildschirm – ist für jeden unwiderstehlich, der einen Gotteskomplex oder Kunsthochschulabschluss hat.

Der Schöpfungsmythos, den der Golem verkörpert, ist zugleich ein Mythos der Auferstehung, und die Wiedergeburt ist fester Bestandteil des Plots. Der Maharal von Prag setzte seinen roboterhaften Erlöser nach einer Weile wieder außer Gefecht, hätte ihn jedoch jederzeit aktivieren können – eine Versicherung, sollte es die auf tönernen Füßen stehenden Tschechen noch einmal nach einer Runde gegen ein Monster aus Ton gelüsten.

Allerdings neigen Monster dazu, zu weit zu gehen – und die Gebote ihres Schöpfers zu überschreiten. Sie nehmen das Leben, das ihnen gegeben wurde, selbst in die Hand. In ihrem Handeln folgen sie tierischen Instinkten, auch wenn sie nicht mehr als Maschinen sind. Dem Schöpfer bleibt dann nur die Wahl: Bestaunt er sein Werk oder macht er es zunichte?

Die Geburt des Golem endete nicht mit einem Abbruch, sondern mit einem Schwebezustand. Die Beherrschung ist ebenso Teil des Golem wie die verdiente Rache: die bezwungene Macht als Gegenstück zur Macht, die Amok läuft.

Durch diesen Mythos über die Hybris, ein Lebewesen mit übermenschlichen Kräften zu schaffen, wird ein potenzieller Comicstoff zur griechischen Tragödie – oder zur jüdischen Moralerzählung. Wenn jemand über die unschlagbare Waffe verfügt, wie oft wird er sie einsetzen?

Welch ein Geschenk an die Welt war der Golem, die ultimative Erfüllung aller Wünsche, ein Funke des Lebens, der die Monster verscheuchen kann, einfach indem er ein größeres, besseres Monster hervorbringt, die Antwort auf alle Gebete, der muskulöse Messias.

Text Thane Rosenbaum
Biografie Thane Rosenbaum ist ein US-amerikanischer Sachbuch- und Belletristik-Autor sowie Jura-Professor. Zudem ist er der Direktor des Forum on Law, Culture & Society, das regelmäßig Diskussionsrunden zu Themen wie Recht und Gerechtigkeit, Public Affairs, Menschenrechte und Zivilgesellschaft veranstaltet, an denen Intellektuelle, Politiker und Künstler teilnehmen. Letztes Jahr erschien sein neuester Roman „How Sweet It Is!".

Bild **The Golem of Gotham, Part Two**
Detective Comics
DC Comics, USA, Heft 1, Nr. 632, Juli 1991
17 x 26 cm

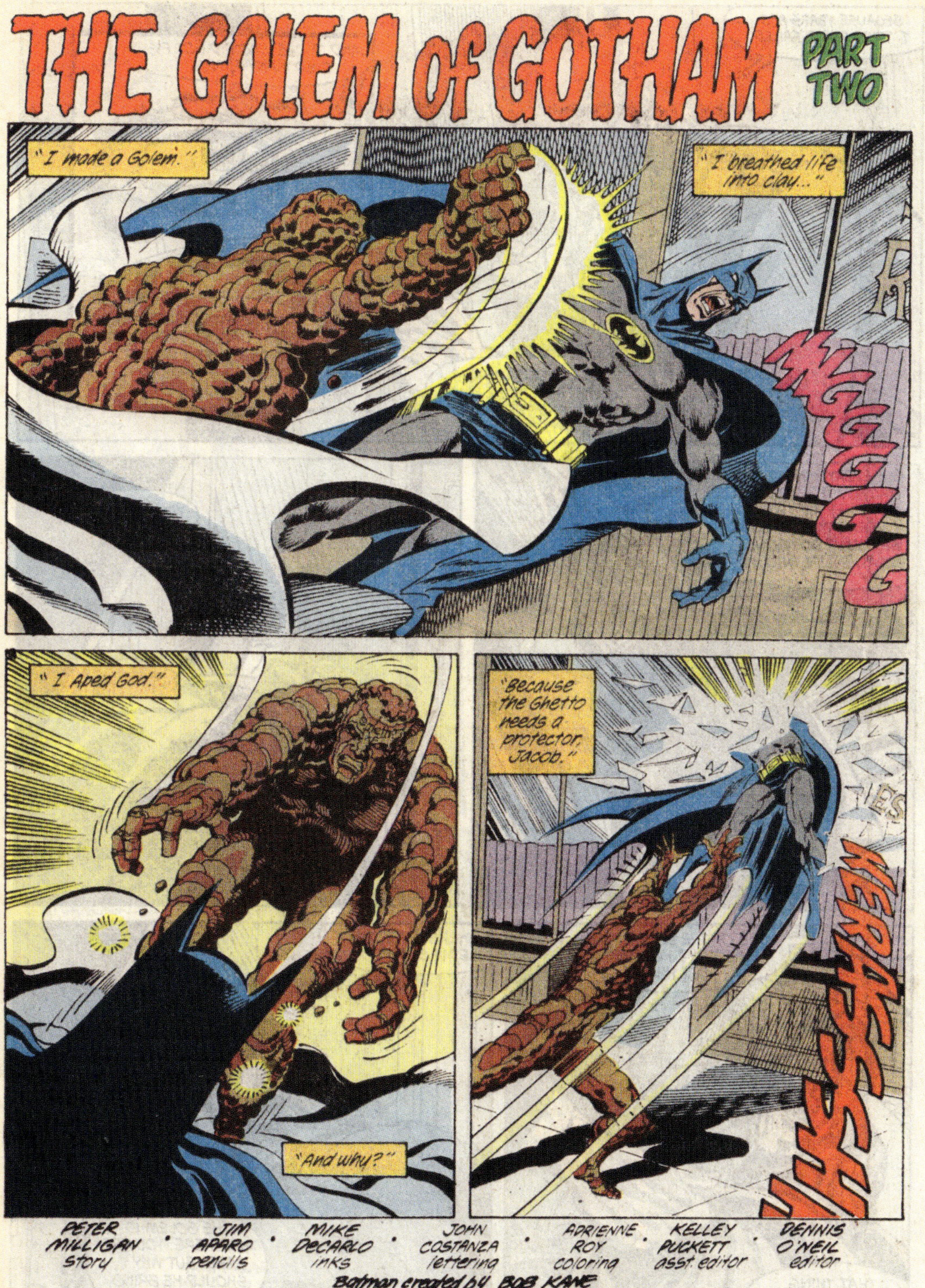

DETECTIVE COMICS 632. Late July, 1991. Published monthly by DC Comics Inc., 1325 Avenue of the Americas, New York, NY 10019. POSTMASTER: Send address changes to DETECTIVE COMICS, DC Comics Subscriptions, P.O. Box 0528, Baldwin, NY 11510. Annual subscription rate $12.00. Canadian subscribers must add $8.00 for postage and GST. GST # is R125921072. All other foreign countries must add $12.00 for postage. U.S. funds only. Copyright © 1991 DC Comics Inc. All Rights Reserved. The stories, characters and incidents mentioned in this magazine are entirely fictional. All characters featured in this issue and distinctive likenesses thereof are trademarks of DC Comics Inc. Advertising Representative: Print Advertising Representatives, 355 Lexington Avenue, New York, NY 10017 (212) 949-6850. Printed in U.S.A.
DC Comics Inc. A Warner Bros. Inc. Company
G-6451

Minecraft
Interview mit Simon und Tobias

Martina Lüdicke: **Für jemanden, der gar nicht weiß, was Minecraft ist – könnt Ihr das Spiel beschreiben?**

Simon und Tobias: Minecraft ist ein Block-Game, es geht darum, sich eine Welt aufzubauen. Eine Minecraft-Welt besteht aus 128 Milliarden Blöcken. Mindestens. Das ist unvorstellbar. Man *farmt*, sammelt Ressourcen, und *craftet* sie, das heißt man stellt sich damit Ausrüstung auf einer Werkbank her. Dann versucht man, in der Welt zu überleben. Ich bestimme, ob die Welt ganz flach sein soll oder ob alles aus riesigen Bergen besteht. Ich suche mir eine Landschaft aus, viele Bäume oder so. Ich will, dass es kein Wasser gibt oder dass fast alles aus Meer besteht. Und natürlich gibt es Monster, die man bekämpfen muss. Dazu friedliche Wesen, wie Dorfbewohner oder Tiere. Man kann sich so viele Welten machen, wie man will, und dann unabhängig voneinander darin spielen. Man selbst ist ein Mensch und sucht sich einen *skin* aus, das heißt man nimmt verschiedene Merkmale an. Man kann sich seinen *skin* auch am Computer selbst malen. Minecraft spielt man alleine oder mit Freunden, und wenn man Lust hat, macht man eine LAN-Party. Das machen wir meistens.

Wie endet ein Spiel?

Es gibt nie ein Ende, du kannst für immer weitermachen. Kein „Game over". Kein „Jetzt ist deine Welt gelöscht, weil du fertig bist". Das Ende bestimmt man selbst.

Was für Golems gibt es in Minecraft? Welche Aufgaben haben sie?

Es gibt Eisengolems und Schneegolems. Eisengolems baut man aus vier Eisenblöcken mit einem Kürbis obendrauf. Den Schneegolem baut man aus zwei Schneeblöcken und einem Kürbis. Schneegolems baut man aber nur, wenn man Schnee *farmen* möchte. Der Schneegolem ist harmlos, er hat wenig Leben und wirft nur Schneebälle. Ich habe noch nie erlebt, dass ein Schneegolem ein Monster besiegt hat. Denn eigentlich baut man sich die Golems, um seine Dörfer zu verteidigen. Zum Schutz vor gefährlichen Monstern, so wie Zombies. Oder vor Skeletten und Spinnen. Zum Glück mögen die Monster kein Licht. Wenn man die ganze Welt mit Fackeln ausleuchtet, kommen keine mehr. Aber manchmal *droppen* die Monster auch nützliche Sachen. Die Eisengolems baue ich ziemlich oft, die Schneegolems eher weniger. Allerdings verbrauchen die Eisengolems sehr viel Eisen. Eisen ist ein wertvoller Rohstoff, den gibt es nicht unendlich. Und wenn man einen zusätzlichen *mod,* ein Extra, runterlädt, dann kann man sogar Diamantgolems bauen. Aus vier Diamantblöcken und einem Kürbis. Nur sind Diamanten sehr, sehr selten.

Kann mein Golem für mich gefährlich werden?

Eigentlich nicht. Falls du ihn selbst gebaut hast. Wenn ein anderer ihn gebaut hat, und der Golem ein Dorf *spawnt,* aus dem Nichts auftaucht, dann ist das etwas anderes, denn der Golem gehört dir nicht. Wenn du ihn oder einen Dorfbewohner angreifst, schlägt er zurück. Golems dienen dem Schutz und der Verteidigung. Sie sind nicht alle gleich. Ein Diamantgolem hält mehr aus, richtet aber auch mehr Schaden an.

Interview Martina Lüdicke
Biografien Simon (12) und Tobias (10) leben in Berlin und sind leidenschaftliche Minecraft-Spieler.

Bild **Minecraft Eisengolem**
China, 2015
Kunststoff, 17 x 14 x 4 cm

Hightech-Weihnachten mit dem Golem

Hier ein feierlicher Gedanke: Wenn wir auf die jüngste Tradition vertrauen können, wird am Weihnachtstag wieder mehr online eingekauft als an jedem anderen Tag des Jahres. Ein Großteil dieser Einkäufe wird auf Mobilgeräten getätigt, *double screening*, während man gleichzeitig *Downton Abbey* oder die Ansprache der Queen anschaut. Verstärkt wird der saisonale Kaufrausch noch dadurch, dass viele von uns neue Smartphones und Tablets geschenkt bekommen haben. Kaum ist das Weihnachtswunder der neuesten Generation ausgepackt, beginnt es schon von speziell auf uns zugeschnittenen Sonderangeboten und Schlussverkäufen zu säuseln und fröhlich unsere Daten mit kommerziellen Unternehmen zu teilen. Unsere Gesellschaft ist sehr schnell süchtig geworden nach dieser Art von Bescherung. Und wie alle Süchtigen geben wir uns der Selbsttäuschung hin, wir hätten die Lage unter Kontrolle.

In diesem Sinn hätte „Golem", ein Stück der unerhört erfinderischen Theatergruppe 1927, kaum in einem passenderen Moment anlaufen können. „Golem" verwendet die alte Legende vom Menschen aus Lehm, der zu einem unheimlichen Leben erwacht, als Parabel für unsere Beziehung zu der künstlichen Intelligenz, die wir in der Hand halten und die zunehmend unsere Interaktion mit der Welt bestimmt. Mit seiner Mischung aus Animation und expressionistischem Theater – ein Teil Buster Keaton, ein Teil Burleske, ein Teil Punk-Pantomime – geht das 1927-Team der Frage nach, wie unsere digitale Welt ein Monster erschaffen hat, von dem wir uns allzu leicht verführen lassen.

Im Stück kauft ein junger Nerd namens Robert, dessen Job darin besteht, in einem dystopischen Datenzentrum „das Backup des Backups zu erstellen", seinem Freund Phil Sylocate das neueste *Must-Have*-Hightechspielzeug ab. Dieses Gadget ist ein Golem – als lebensgroßes Filmbild brillant eingefügt in das Spiel der Bühnendarsteller. Der Golem ist Robert ganz und gar zu willen, bereit, ihm jeden Wunsch zu erfüllen. Robert kann ihn losschicken, um seinen Job im Datenzentrum zu erledigen, er kann ihn für sich einkaufen lassen und ihn um Rat fragen, was er anziehen und mit wem er sich verabreden soll. „Du kannst deinen Golem morgens wecken und ihn abends schlafen legen", erfährt Robert. „Wozu du ihn in der Zwischenzeit verwendest, ist deine Sache. Du hast die Kontrolle." Aber natürlich nicht lange.

Der Golem entwickelt einen eigenen Verstand und eine Siri-hafte Stimme. Er überredet Robert, Dinge zu kaufen, die er nie zuvor haben wollte, gibt ihm die Illusion von Macht und Freundschaften, und im Verein mit den Millionen weiterer Golems, in Massenproduktion von der Firma Go hergestellt, flüstert er Robert Ansichten ein, die er nie zuvor hatte. Ansichten über Einwanderer, die auf die Straße spucken, Ansichten zur Popkultur – „Ich verehre Benedict Cumberbatch" –, Mantras, die Robert sich zu eigen macht: „Bring deinen Lebenslauf auf den neuesten Stand."

Schon bald nachdem Robert seinen Golem zu lieben gelernt hat, kommt eine neue Version des Lehm-Menschen auf den Markt, schneller, schicker und lebhafter: Golem II. „Und binnen weniger Minuten gehörte der alte Golem der Vergangenheit an."

Text Dieser Text ist die gekürzte Fassung eines Artikels von Tim Adams, der am 21. Dezember 2014 in *The Guardian* erschien.

Bild **Golem-Inszenierung der Gruppe 1927**
von Suzanne Andrade und Paul Barritt
Produzentin: Jo Crowley
London, 2014

Suzanne Andrade hat „Golem" geschrieben und inszeniert, und Paul Barrit, ebenfalls Mitgründer von 1927, hat die großartige Visualisierung geschaffen. „Wir haben vor langer Zeit Meyrinks ‚Golem' gelesen", erklärt Andrade, „und wir wollten unbedingt eine *Claymation*-Figur auf die Bühne bringen, aber wir taten uns schwer damit, eine Geschichte zu entwickeln. Ich ging in die British Library, um mir all die Golem-Mythen anzuschauen. Zur gleichen Zeit fand ich es immer auffälliger, wie die Leute um mich her dauernd im Internet waren, ständig abgelenkt von ihren Telefonen. Egal in welcher Situation, sie fühlten sich erst wohl, wenn sie ihr Gerät draußen hatten, sie schufen sich selbst auf Facebook und Instagram neu. Also fingen wir an, mit diesen Beobachtungen zu arbeiten."

Seine Schärfe gewinnt Andrades komischer Alptraum dadurch, dass er fassbar macht, wie der Wandel, den die digitale Kultur gebracht hat, alles durchdringt. Am Ende des Stücks wird Golem II abgelöst von Golem III, einem Implantat im Kopf der Figuren und eine Umsetzung der Prognose von Google-Gründer Larry Page, dass „die Suche eines Tages Teil des menschlichen Gehirns sein wird. Wenn du über etwas nachdenkst und nicht viel darüber weißt, wirst du automatisch Informationen erhalten." Andrade sagt: „Mir macht es Sorgen, dass man, wenn man Kritik am Vormarsch der Technologie übt, als ein bisschen naiv betrachtet wird oder als Spielverderber. Ich hoffe, wir können noch ein paar Schritte Abstand gewinnen und uns fragen, ob wir das gut finden."

Der Golem. Eine Legende

Im Morgengrauen stieg Rabbi Löw auf den Dachboden der Synagoge, ritzte dem Golem wieder den heiligen Namen auf die Stirn und befahl ihm, den Felsblock wegzuschieben und das Gold auszugraben.

Bisher hatte der Golem jedes Mal, wenn der Rabbi ihm einen Befehl erteilte, „ja" gesagt – zum Zeichen dafür, dass er willens und imstande war, den Befehl auszuführen. Diesmal jedoch gab er keine Antwort. Er setzte sich auf und starrte im Mondlicht, das durch die Dachritzen fiel, den Rabbi an. Sein Blick hatte etwas Trotziges. Rabbi Löw fragte: „Hast du gehört, was ich dir befohlen habe?" Und der Golem sagte: „Ja."

„Wirst du es tun?", fragte Rabbi Löw. Und der Golem erwiderte: „Nein."

„Warum nicht?", fragte Rabbi Löw erstaunt.

Der Golem schien eine Weile nachzudenken. Dann sagte er: „Golem weiß nicht." Rabbi Löw sah ein, dass er falsch gehandelt hatte, als er Genendels Bitten nachgab. Die Regeln der Magie sind so beschaffen, dass der geringste Missbrauch die Zauberkraft verdirbt. Da Rabbi Löw dem Kaiser versprochen hatte, der Existenz des Golems ein Ende zu machen, sagte er zum Golem: „Beug den Kopf herunter!" Er wollte den heiligen Namen ein für allemal von der Stirn des Golems tilgen. Aber statt den Kopf zu neigen, sagte der Golem: „Nein." Da wurde dem Rabbi klar, dass er die Befehlsgewalt über den Golem für immer verloren hatte.

Rabbi Löw war tief bekümmert. Es war zwecklos, mit einem geistlosen Golem zu argumentieren. Er hatte einen Fehler begangen, den er nicht wieder gutmachen konnte.

Text Isaac Bashevis Singer
Biografie Isaac Bashevis Singer wurde 1904 in Radzymin (Polen) geboren, wuchs in Warschau auf und emigrierte 1935 in die USA. Als erster jiddischer Schriftsteller erhielt er 1978 den Nobelpreis für Literatur. Singer starb 1991 in New York. Dieser Text stammt aus seinem Buch „Der Golem. Eine Legende."

Bild **Golem**
Joachim Seinfeld, Berlin, 2016
Handaufgetragene Silbergelatineemulsion auf Aquarellpapier, 43 x 43 cm

Bilder der Seiten 168/169

AE/MEATH

3-Kanal-Videoinstallation von Stefan Hurtig und Detlef Weitz Basierend auf Filmzitaten aus rund 60 Spielfilmen 2016

Filmquellen der Stills (v.l.n.r., oben nach unten)
Seite links: Ghost in the Shell (1995) /2001: Odyssee im Weltraum (1968) / Replicant (2001) / Futureworld (1976) / Fantasia (1940) / Robot & Frank (2012) / Chappie (2015) / Der Android (1982) / Alraune (1928) / Metropolis (1927) / Le Golem (1936) / A.I. – Künstliche Intelligenz (2001)
Seite rechts: Blade Runner (1982) / Ghost in the Shell 2 – Innocence (2004) / 2001: Odyssee im Weltraum (1968) / IT! — Der Golem lebt! (1967) / The Simpsons: Treehouse of Horror XVII (2006) / Supernatural: Jeder hasst Hitler (2013) / Tron (1982) / Ghost in the Shell 2 – Innocence (2004) / I, Robot (2004) / Mary Shelley's Frankenstein (1994)

Das Jüdische Museum Berlin dankt

den beteiligten Künstler*innen

Joshua Abarbanel, USA

Lynne Avadenka, USA

Shai Azoulay, Israel

Mark Berghash, USA

Christian Boltanski, Frankreich

Michael David, USA

Louise Fishman, USA

Yves Gellie, Frankreich

Rimma Gerlovina, USA

Valeriy Gerlovin, USA

Jorge Gil, Spanien

Amos Gitai, Frankreich

Stefan Hurtig, Deutschland

Tobi Kahn, USA

Anselm Kiefer, Frankreich

Krištof Kintera, Tschechien

Daniel Laufer, Deutschland

Ktura Manor, Israel

Mira Maylor, Israel

David Musgrave, England

Mark Podwal, USA

Joachim Seinfeld, Deutschland

Charles Simonds, USA

Jana Sterbak, Kanada

den Leihgeber*innen

Andorra la Vella, **FEDA**

Berlin, **Hochschule für Schauspielkunst "Ernst Busch"**

Berlin, **Joachim Seinfeld**

Berlin, **KM**

Berlin, **Staatliche Museen zu Berlin - Preußischer Kulturbesitz, Kunstbibliothek**

Berlin, **Stiftung Stadtmuseum Berlin**

Boston, **Museum of Fine Arts Boston**

Cáceres, **Jorge Gil**

Düsseldorf, **Museum Kunstpalast**

Frankfurt am Main, **Deutsches Filminstitut Frankfurt am Main**

Jerusalem, **Scholem Archives, The Jewish National and University Library**

Jerusalem, **Shai Azoulay**

Jerusalem, **The Israel Museum**

London, **1927 Productions Limited**

London, **greengrassi**

Mexico City, **Gabriel and Paty Weisz**

Michigan, **Lynne Avadenka**

München, **Bayerische Staatsbibliothek**

New York, **Beth W. Lieberman, MD; Carl M. Lieberman, MD**

New York, **Charles Simonds**

New York, **Mark Podwal**

New York, **Michael David**

New York, **The Jewish Museum**

New York, **The Library of The Jewish Theological Seminary**

New York, **The Museum of Modern Art**

New York, **Tobi Kahn Studio**

Paris, **Agav Films**

Paris, **galerie du jour agnès b**

Paris/Salzburg, **Galerie Thaddaeus Ropac**

Philadelphia, **EgoPo Classic Theater**

Prag, **Krištof Kintera**

Prag, **Prague City Gallery/Galerie hlavního města Prahy)**

Rehovot, **Weizmann Institute of Science**

Santa Monica, **Joshua Abarbanel**

Tel Aviv, **Malenki Theater**

Wien, **Kunsthistorisches Museum**

Wien, **Kunstkammer**

für Mitarbeit und Unterstützung des Ausstellungsprojekts

Sharon Assaf, Jerusalem

Stacey Ravel Abarbanel, Santa Monica

Susan Aberth, New York

Ada Ackerman, Paris

Yivsam Azgad, Rehovot

Suzanne Andrade, London

Mark und Tracey Bilski, Mt. Kisko, New York

Paul Barritt, London

Noam Brusilovsky, Berlin

Stephen Brown, New York

Tal und Chanan de Lange, Tel Aviv

Jo Crowley, London

Magdalena Emmerig, Berlin

Christian Fleischhacker, Frankfurt am Main

Ole Frahm, Frankfurt am Main

Rachel Fronda, Oxford

Felicitas Heimann-Jelinek, Wien

Peter Jammerthal, Berlin

Rita Kersting, Jerusalem

Norman Kleeblatt, New York

Matthieu Lelièvre, Paris

Sharon Liberman-Mintz, New York

Sandra Mejías Garrote, Andorra

Nadia Melmont, Tel Aviv

Gabriel Motzkin, Jerusalem

Hans-Peter Reichmann, Frankfurt am Main

Paul Salmona, Paris

Jakob Daniel Schneider, Berlin

Michaela Sidenberg, Prag

Dorota Sniezek, Paris

Jeffrey Shandler, New Brunswick

Stefan Wimmer, München

Objektverzeichnis

DER GOLEM LEBT

S. 15
My Light is Your Life
Krištof Kintera (geb. 1978)
Prag, 2009
Lampen, Kabel, Elektronik, ca. 470 x 450 cm
Courtesy of the artist

ohne Abbildung
Pokémon-Golem
China, 21. Jahrhundert
Kunststoff, 4 x 5 cm
Jüdisches Museum Berlin

ohne Abbildung
Minecraft Mini-Iron-Golem
China, 21. Jahrhundert
Kunststoff, 17 x 14 x 4 cm
Jüdisches Museum Berlin

S. 35
Violet-Golem (Kamen Rider Wizard)
China, 21. Jahrhundert
Kunststoff, 12,5 x 16 x 13 cm
Jüdisches Museum Berlin

ohne Abbildung
Whiskey-Golem (Malifaux)
China, 21. Jahrhundert
Kunststoff, 21 x 16 x 2 cm
Jüdisches Museum Berlin

S. 35
Golem Arcana (Urugal the Khan's Pyre)
China, 21. Jahrhundert
Kunststoff, 9 x 9,5 x 4 cm, 6 x 6 cm und 4 x 5 cm
Jüdisches Museum Berlin

S. 163
Minecraft Iron-Golem
China, 21. Jahrhundert
Kunststoff, 10 x 5,5 x 3,5 cm
Jüdisches Museum Berlin

S. 35
Dampf-Golem (League of Legends)
China, 21. Jahrhundert
Kunststoff, 14 x 15 x 11 cm
Jüdisches Museum Berlin

S. 35
Golem Arcana: Durani-Koloss Jagara
China, 21. Jahrhundert
Kunststoff, 18 x 12 x 13 cm
Jüdisches Museum Berlin

S. 35
Ben Golem
China, 21. Jahrhundert
Kunststoff, 8 x 7 x 5 cm
Jüdisches Museum Berlin

ohne Abbildung
Golem (Reddish Studio)
Israel, 2008
Lehm, 8 x 7 x 5,5 cm
Jüdisches Museum Berlin

ohne Abbildung
Greater Obsidian Golem (King of Wars)
China, 21. Jahrhundert
Kunststoff, ca. 12 x 10 cm
Jüdisches Museum Berlin

ohne Abbildung
Snow Golem
USA, 21. Jahrhundert
Kunststoff, 7 x 8 x 3,5 cm
Jüdisches Museum Berlin

ohne Abbildung
Plüsch-Golem
Prag, 21. Jahrhundert
Kunstfaser, 36 x 34 x 24 cm
Jüdisches Museum Berlin

S. 35
Golem-Souvenirs
Prag, 21. Jahrhundert
Ton, gebrannt; Kunststoff; Metall
Jüdisches Museum Berlin

ohne Abbildung
Miniaturen
Rotpatch Pumpkin Golem, Stone Golem, Onyx Golem War Lord, Crystal Golem
China, 21. Jahrhundert
Metall; Kunststoff
Jüdisches Museum Berlin

S. 35
Great Steam Golem (League of Legend)
China, 21. Jahrhundert
Kunststoff, 8 x 11 x 6 cm
Jüdisches Museum Berlin

ohne Abbildung
Golem-Figur (Clash of Clans)
China, 21. Jahrhundert
Kunststoff, 11 x 14 x 15 cm
Jüdisches Museum Berlin

S. 27
Entschlüsselung des menschlichen Genoms
Frankfurter Allgemeine Zeitung, Nr. 146, 27. Juni 2000
56,5 x 80 cm
Jüdisches Museum Berlin

S. 39
Make America Great Again
Baseballmütze
USA, 2016
Textil, 12 x 25 x 30 cm
Jüdisches Museum Berlin

ohne Abbildung
iPhone
USA, 2016
Kunststoff, Metall, ca. 11,5 x 6 x 1 cm
Jüdisches Museum Berlin

ohne Abbildung
Cloning Humans
Time Magazine, Heft 142, Nr. 19
USA, 8. November 1993
27,3 x 20 cm
Jüdisches Museum Berlin

ohne Abbildung
Der Golem von Rehovot
Festrede zur Einweihung des Computers Golem Aleph
Gershom Scholem (1897–1982)
Audiovisuelle Medien
Israel, 17. Juni 1965, Weizmann-Institut

S. 21
Prof. Shmuel Ruchman mit Prof. Bertram Bussell arbeiten am Golem-Computer
Israel, ca. 1960–1970
Fotografie (Reproduktion)
Weizmann Institute of Science, Israel

S. 24/25
Schaltungsmodul des Großcomputers Golem Aleph
Israel, 1963
Metall, Plastik, Silizium, 7,5 x 15 x 1 cm
Weizmann Institute of Science, Israel

S. 17
Der Mensch als Industriepalast
Fritz Kahn (1888–1968)
Stuttgart, 1926
Farblithografie, 96 x 48,5 cm
Jüdisches Museum Berlin, Inv.-Nr. 2015/135/0

S. 37
Humans
(TV-Serie: Staffel 1, Ausschnitte)
Großbritannien, 2015
Drehbuch: Sam Vincent/ Jonathan Brackley
AMC, Channel 4, Kudos

S. 19
Humanoider Roboter REEM-C
PAL Robotics
Spanien, 2013
PAL Robotics SL, Barcelona

JÜDISCHE MYSTIK

S. 55

The Golem
David Aronson (1923–2015)
USA, 1958
Enkaustik, 144,8 x 162,6 cm
Museum of Fine Arts, Boston, Gift of Judith Aronson Webb, Ben Aronson N.A., and Abigail Aronson Zocher, Inv.-Nr. 2006.1257

S. 45

Golem
Joshua Abarbanel (geb. 1966)
USA, 2016
Metall, Keramik, Holz, Glasfaser, 228,6 x 228,6 x 50,8 cm
Courtesy of the artist

S. 47

Notizzettel von Gershom Scholem
Gershom Scholem (1897–1982)
Tinte auf Papier, 14,5 x 11 cm
Scholem Archives, The Jewish National and University Library, Jerusalem, Israel, Inv.-Nr. ARC. 4* 1599 04 242

ohne Abbildung

Breathing Mud: The Legend of the Golem
Künstlerbuch
Lynne Avadenka (geb. 1955)
USA, 1999
21 x 9,5 cm
Courtesy of the artist

S. 51

Breathing Mud
Einzelseite aus dem Künstlerbuch
Lynne Avadenka (geb. 1955)
USA, 1999
Papier, handkoloriert, 34 x 32 cm
Courtesy of the artist

S. 53

Kommentar zum Sefer Jezira (Pseudo-Saadia-Kommentar)
Saadia Gaon (882–942), zugeschrieben
Abschrift in einer Sammelhandschrift
Spanien, 14. Jahrhundert
Tinte auf Pergament, 20,7 x 15,8 x 1,8 cm
Courtesy of The Library of The Jewish Theological Seminary, New York, Inv.-Nr. JTSL MS 1895, fol. 17b

S. 43

JHWH schemo ha-mejuchad (JHWH, Sein besonderer Name)
Eleasar von Worms (1176–1238)
Abschrift in einer Sammelhandschrift
15./16. Jahrhundert
Tinte auf Papier, 33 x 27,5 x 12 cm
Bayerische Staatsbibliothek München, Inv.-Nr. Cod. hebr. 43, fol. 219r

S. 49

Golem II
Rimma Gerlovina (geb. 1951), Mark Berghash (geb. 1935), Valeriy Gerlovin (geb. 1945)
USA, 1987
Chromogene Farbfotografie auf Aluminium, 182,9 x 121,9 x 5,1 cm
The Jewish Museum, New York, Gift of Elizabeth Cats, Inv.-Nr. 1990-2

ohne Abbildung

Audiostation: Der Golem
Sippurim, eine Sammlung Jüdischer Volkssagen
Wolf Pascheles (1814–1857)
Prag, 1853

S. 59

Rabbi Loew: der Golem
Anselm Kiefer (geb. 1945)
1988–2012
Gips, Holz, Öl, Blei, synthetisches Harz, Stahl und Holzkohle, 95 x 95 x 58 cm
Courtesy Galerie Thaddaeus Ropac, Paris/Salzburg, Inv.-Nr. AKI 1369

VERWANDLUNG

S. 79

Machinic figure
David Musgrave (geb. 1973)
Großbritannien, 2012
Aluminium, Acrylfarbe, Stahl, Nylon, 42 x 19 x 10,2 cm
greengrassi, London, Inv.-Nr. DM12-4160S

S. 79

Paper golem no. 5
David Musgrave (geb. 1973)
Großbritannien, 2010
Aluminium, Acrylfarbe, Stahl, 23 x 11,5 x 3 cm
greengrassi, London, Inv.-Nr. DM10-3428S

ohne Abbildung

Skeletal tape giant
David Musgrave (geb. 1973)
Großbritannien, 2012
Acrylfarbe, Nylonhalterungen, 700 x 250 x 0,5 cm
greengrassi, London, Inv.-Nr. DM12-4161S

ohne Abbildung

Studio golem
David Musgrave (geb. 1973)
Großbritannien, 2012
Audiovisuelle Medien
greengrassi, London

S. 73

Yganh
Tobi Kahn (geb. 1952)
USA, 1991
Acryl auf Leinwand über Holz, 177,8 x 60,96 x 5 cm
Courtesy of the artist

S. 73

Zawah
Tobi Kahn (geb. 1952)
USA, 1989
Acryl auf Holzfaserplatte, 81,2 x 30,4 x 5 cm
Courtesy of the artist

S. 71

Otza II
Tobi Kahn (geb. 1952)
USA, 1987
Acryl auf Leinwand über Holz, 180,3 x 149,9 cm
Privatsammlung

S. 69

Naissance d'un Golem
Szene mit Annie Lennox als Golem
Regie/Drehbuch: Amos Gitai (geb. 1950)
Israel, Frankreich, 1991
Courtesy of Agav Films, Paris

S. 63

The Golem
Mira Maylor
Israel, 2015
Glas, Edelstahl, 100 x 80 cm
Privatbesitz

S. 67

Golem: Objects as Sensations
Jana Sterbak (geb. 1955)
USA, 1979–1982
Mixed Media, Bronze, Gummi, Blei, Silbergelatine-Abzug, ca. 560 x 560 cm
The Israel Museum, Jerusalem, Gift of the Contemporary Art Acquisitions Committee of American Friends of the Israel Museum, Inv.-Nr. B01.0321

S. 77

A Cluster of Blessings (the Golem)
Michael David (geb. 1954)
USA, 2008–2015
Öl, Wachs, Harz, Erde, Draht, Blumen, Holz, 182,88 x 243,84 cm
Courtesy of the artist, Michael David

→

S. 75

Crisálidas
Jorge Gil (geb. 1981)
Spanien, 2009
Mischtechnik, Kunstharz, Nylon, Plüsch, 60 x 50 x 35 cm (Einzelteile)
Courtesy of the artist

S. 81

Golem
Louise Fishman (geb. 1939)
USA, 1981
Öl auf Leinwand, 81,3 x 121,9 cm
The Jewish Museum, New York, Gift of Francine and Samuel Klagsbrun, Inv.-Nr. 1991-56

ohne Abbildung

Birth; Body - Earth; Landscape - Body - Dwelling
Charles Simonds (geb. 1945)
USA, 1970–1974
Audiovisuelle Medien
Collection of the artist

S. 65

Birth
Charles Simonds (geb. 1945)
USA, 1970
Fotografie, 38,5 x 250 cm
Collection of the artist

MYTHOS PRAG

ohne Abbildung

Schatz- und Wunderkammer Kaiser Rudolfs II.
3D-Installation
Berlin, 2016
chezweitz GmbH, Berlin

S. 97

Alchemistische Tischglocke Kaiser Rudolfs II.
Hans de Bull (aktiv 1592–1604)
Prag, um 1600
Legierung der klassischen sieben Metalle Gold, Silber, Quecksilber, Kupfer, Eisen, Zinn, Blei; vergoldet, 7,8 x 6,3 cm
Kunsthistorisches Museum Wien, Kunstkammer, Inv.-Nr. KK 5969

S. 85

Historische Fotografien aus Prag
Zikmund Reach (1859–1935)/ Jindřich Eckert (1833–1905)
Prag, um 1900
Audiovisuelle Medien
Fotos: Fostin Cotchen Collection/Jüdisches Museum in Prag

S. 89

Der Golem – Prager Phantasien
Hugo Steiner-Prag (1880–1945)
Leipzig, 1916
Lithografie auf Maschinenbütten, Leinen, Leder, 51 x 37 x 4,5 cm
Jüdisches Museum Berlin, Inv.-Nr. 2002/2280/0

S. 87

Golem, Rabbi Loew und Kaiser Rudolf II. als Marionetten
USA, 2012
Holz, Textil, Metall, Leder und Schnur, 45,7 x 12,7 cm/45,5 x 15,2 cm/53,3 x 12,7 cm
EgoPo Classic Theater – Designed by Martina Plag

Zeichnungen zu „Das Geheimnis des Golem" (Elie Wiesel)
Mark Podwal (geb. 1945)

ohne Abbildung

Moonlight Shadows
USA, 1982
Tinte auf Papier, 43,2 x 35,5 cm
Beth W. Lieberman, MD and Carl M. Lieberman, MD, New York

S. 94

The Dream of Rabbi Loew
USA, 1982
Tinte auf Papier, 35,4 x 28,2 cm
Courtesy of the artist

S. 93

Combining Letters
USA, 1982
Tinte auf Papier, 43,2 x 35,6 cm
Courtesy of the artist

ohne Abbildung

Golem on Rooftop
USA, 1982
Tinte auf Papier, 33 x 25,4 cm
Courtesy of the artist

ohne Abbildung

Two Saviors
USA, 1982
Tinte auf Papier, 43,2 x 35,6 cm
Courtesy of the artist

S. 95

Burning Books
USA, 1982
Tinte auf Papier, 43,2 x 35,6 cm
Courtesy of the artist

ohne Abbildung

Midnight
USA, 1982
Tinte auf Papier, 43,2 x 35,6 cm
Courtesy of the artist

S. 91

El bañista (Rabbi Loew)
Leonora Carrington (1917–2011)
Mexiko, 2010
Bronze, 36 x 70 x 30 cm
Gabriel und Paty Weisz, Mexiko

HORROR UND MAGIE

ohne Abbildung

Der Golem, wie er in die Welt kam
Regie: Paul Wegener (1874–1948)/Carl Boese (1887–1958)
Drehbuch: Paul Wegener/ Henrik Galeen
Bauten: Hans Poelzig
Deutschland, 1920
Freundlicherweise zur Verfügung gestellt von Friedrich-Wilhelm-Murnau-Stiftung, Wiesbaden

ohne Abbildung

Turmvariationen und Schloss
Hans Poelzig (1869–1936)
Berlin, 1920
Transparentpapier, Bleistift, perforiert, 19 x 27 cm
Deutsches Filminstitut, Frankfurt a. M./Nachlass Hans Poelzig – Dauerleihgabe der Adolf und Luisa Haeuser-Stiftung für Kunst- und Kulturpflege

ohne Abbildung

Figurenstudie zum Golem
Hans Poelzig (1869–1936)
Berlin, 1920
Kreidezeichnung auf Transparentpapier, 32,5 x 25,5 cm
Deutsches Filminstitut, Frankfurt a. M./Nachlass Hans Poelzig – Dauerleihgabe der Adolf und Luisa Haeuser-Stiftung für Kunst- und Kulturpflege

ohne Abbildung

Rabbi Loew in der Synagoge
Hans Poelzig (1869–1936)
Berlin, 1920
Pastell, 47 x 28 cm
Deutsches Filminstitut, Frankfurt a. M./Nachlass Hans Poelzig – Dauerleihgabe der Adolf und Luisa Haeuser-Stiftung für Kunst- und Kulturpflege

ohne Abbildung

Das Rosenfest
Berlin, 1920
Fotografie, 24 x 30 cm
Deutsches Filminstitut, Frankfurt a. M./Nachlass Paul Wegener – Sammlung Kai Möller

ohne Abbildung
Skizzenbuch zu „Der Golem, wie er in die Welt kam“
Hans Poelzig (1869–1936)
Berlin, um 1920
Bleistift- und Wachskreidezeichnungen, 17,5 x 12 cm
Deutsches Filminstitut, Frankfurt a. M./Nachlass Hans Poelzig – Dauerleihgabe der Adolf und Luisa Haeuser-Stiftung für Kunst- und Kulturpflege

S. 115
Skizzenbuch zu „Der Golem, wie er in die Welt kam“
Marlene Moeschke-Poelzig (1894–1985)
Berlin, um 1920
Bleistiftzeichnungen, 21,1 x 13,8 cm
Deutsches Filminstitut, Frankfurt a. M./Nachlass Hans Poelzig – Dauerleihgabe der Adolf und Luisa Haeuser-Stiftung für Kunst- und Kulturpflege

S. 101
Drehbuch für „Der Golem“
Paul Wegener (1874–1948)
Berlin, 1914
Typoskript, 29,7 x 21 cm
Stiftung Stadtmuseum Berlin, Inv.-Nr. V 70/1626R

ohne Abbildung
Ghettotor und brennende Dächer
Hans Poelzig (1869–1936)
Berlin, 1920
Transparentpapier, Bleistift, perforiert, 19 x 27 cm
Deutsches Filminstitut, Frankfurt a. M./Nachlass Hans Poelzig – Dauerleihgabe der Adolf und Luisa Haeuser-Stiftung für Kunst- und Kulturpflege

ohne Abbildung
Der Golem beim Fest
Berlin, um 1914
Fotografie, 18 x 24 cm
Deutsches Filminstitut, Frankfurt a. M./Nachlass Paul Wegener – Sammlung Kai Möller

ohne Abbildung
Golem im Antiquitätenladen
Berlin, um 1914
Fotografie, 18 x 24 cm
Deutsches Filminstitut, Frankfurt a. M./Nachlass Paul Wegener – Sammlung Kai Möller

ohne Abbildung
Golem vor dem Antiquitätenladen
Berlin, um 1914
Fotografie, 18 x 24 cm
Deutsches Filminstitut, Frankfurt a. M./Nachlass Paul Wegener – Sammlung Kai Möller

ohne Abbildung
Paul Wegener als Golem
Kostüm nach Entwürfen von Rudolf Belling
Berlin, um 1914
Fotografie, 18 x 24 cm
Deutsches Filminstitut, Frankfurt a. M./Nachlass Paul Wegener – Sammlung Kai Möller

ohne Abbildung
Golem und Tänzerin im Boudoir
Berlin, um 1917
Fotografie, 17 x 23 cm
Deutsches Filminstitut, Frankfurt a. M./Nachlass Paul Wegener – Sammlung Kai Möller

ohne Abbildung
Rabbi Loew, sein Gehilfe und der unbelebte Golem
Berlin, 1920
Fotografie, 30 x 24 cm
Deutsches Filminstitut, Frankfurt a. M./Nachlass Paul Wegener – Sammlung Kai Möller

S. 107
Golem und kleines Mädchen
Berlin, 1920
Fotografie, 10 x 8 cm
Deutsches Filminstitut, Frankfurt a. M./Nachlass Paul Wegener – Sammlung Kai Möller

ohne Abbildung
Rabbi Loew und sein Gehilfe stützen den Golem
Berlin, 1920
Fotografie, 30 x 24 cm
Deutsches Filminstitut, Frankfurt a. M./Nachlass Hans Poelzig – Dauerleihgabe der Adolf und Luisa Haeuser-Stiftung für Kunst- und Kulturpflege

ohne Abbildung
Golem und Gehilfe am Tisch
Berlin, 1920
Fotografie, 24 x 30 cm
Deutsches Filminstitut, Frankfurt a. M./Nachlass Hans Poelzig – Dauerleihgabe der Adolf und Luisa Haeuser-Stiftung für Kunst- und Kulturpflege

ohne Abbildung
Golem und Gehilfe beim Einkaufen
Berlin, 1920
Fotografie, 24 x 30 cm
Deutsches Filminstitut, Frankfurt a. M./Nachlass Hans Poelzig – Dauerleihgabe der Adolf und Luisa Haeuser-Stiftung für Kunst- und Kulturpflege

S. 103
Golem mit tanzender Kinderschar
Berlin, 1920
Fotografie, 24 x 30 cm
Deutsches Filminstitut, Frankfurt a. M./Nachlass Paul Wegener – Sammlung Kai Möller

ohne Abbildung
Rabbi Loew auf Wendeltreppe
Berlin, 1920
Fotografie, 30 x 24 cm
Deutsches Filminstitut, Frankfurt a. M./Nachlass Paul Wegener – Sammlung Kai Möller

ohne Abbildung
Filmkulisse, Platz mit Brunnen
Berlin, 1920
Fotografie, 18 x 24 cm
Deutsches Filminstitut, Frankfurt a. M./Nachlass Paul Wegener – Sammlung Kai Möller

S. 105
Golem und Mirjam
Berlin, 1920
Fotografie, 24 x 30 cm
Deutsches Filminstitut, Frankfurt a. M./Nachlass Paul Wegener – Sammlung Kai Möller

ohne Abbildung
Rabbi Loew mit erhobenen Armen
Berlin, 1920
Fotografie, 30 x 24 cm
Deutsches Filminstitut, Frankfurt a. M./Nachlass Hans Poelzig – Dauerleihgabe der Adolf und Luisa Haeuser-Stiftung für Kunst- und Kulturpflege

S. 117
War Time/Peace Time (Golem)
Ktura Manor (geb. 1982)
Andorra, 2014
Öl auf Leinwand, 60 x 70 cm
Andorra la Vella, FEDA

S. 113
Filmplakat: Der Golem, wie er in die Welt kam
Hans Poelzig (1869–1936)
Berlin, 1920
Farblithografie, 141,8 x 93,1 cm
Staatliche Museen zu Berlin – Preußischer Kulturbesitz, Kunstbibliothek, Inv.-Nr. 14003794

→

S. 109

Filmplakat: Der Golem und die Tänzerin
Paul Scheurich (1883–1945)
Berlin, 1916
Lithografie, 139 x 94 cm
Staatliche Museen zu Berlin – Preußischer Kulturbesitz, Kunstbibliothek, Inv.-Nr. 14003876

S. 112

Filmplakat: Der Golem, wie er in die Welt kam
Hans Poelzig (1869–1936)
Berlin, 1920
Farblithografie, 71,1 x 94,2 cm
The Museum of Modern Art, New York, Gift of UFA (Universum-Film-Aktiengesellschaft), Inv.-Nr. 1961, 83.1961

S. 168/169

AE/MEATH
3-Kanal-Videoinstallation von Stefan Hurtig und Detlef Weitz
Basierend auf Filmzitaten aus rund 60 Spielfilmen
2016

AUSSER KONTROLLE

S. 127

The Golem
Michael David (geb. 1954)
USA, 2007–2013
Mixed Media, 205,7 x 205,7 x 10,2 cm
Courtesy of the artist, Michael David

ohne Abbildung

Modell für „Der Golem"
Niki de Saint Phalle (1930–2002)
1971
Gips, bemalt, 64 x 114 x 118 cm
The Israel Museum, Jerusalem, Gift of the artist, Inv.-Nr. B81.0926

S. 123

Golem – Mit glühendem Hammer erweckter Mann
František Hudeček (1909–1990)
Prag, 1935–1937
Öl auf Leinwand, 81 x 95 cm
Galerie hlavního města Prahy, Inv.-Nr. M - 2449

S. 137

Golem-Kostüm des Malenki-Theaters
Tel Aviv, Israel, 2011
Regie: Igor Berezin
Licht/Kostüme/Bühnenbild: Vadim Keshersky
Textil, ca. 180 x 120 x 120 cm
Malenki Theater, Tel Aviv

S. 125

Golem-Kostüm für „Woran man einen Juden erkennen kann"
Kostümdesign: Magdalena Emmerig, Schneiderei des bat-Studiotheaters
Regie/Theaterstück: Noam Brusilovsky (geb. 1989)
Berlin, 2015
Textil
Hochschule für Schauspielkunst „Ernst Busch"

S. 135

The Golem
Für „Death, Destruction, and Detroit II" an der Schaubühne Berlin, 1987
Robert Wilson (geb. 1941)/ Moidele Bickel (geb. 1937)
Pappmaché aus chinesischen und japanischen Zeitungen, Klebstoff und Metallgestänge, 200,7 x 73,7 x 53,3 cm
The Jewish Museum, New York, Dr. Jack Allen and Shirley Kapland Fund, Inv.-Nr. 1993-275a-f

S. 143

Illustrationen zu „Der Goylem: A dramatische poeme in akht bilder" (H. Leivick)
Max Weber (1881–1961)
New York, 1919/1920
Druckgrafik, 11,4 x 5,7 cm
The Jewish Museum, New York, Gift of Mr. and Mrs. William B. Jaffe, Inv.-Nr. JM 92-64.1.-8.

S. 133

Der Golem
Fritz Ascher (1893–1970)
1916
Öl auf Leinwand, 182,5 x 140,5 cm
Jüdisches Museum Berlin, Inv.-Nr. GEM 93/2/0

S. 141

Golem
Christian Boltanski (geb. 1944)
USA, 1988
Mixed Media-Installation, 19 x 11,5 x 27 cm
The Jewish Museum, New York, Gift of Elise Meyer and Henry Feuerstein, Inv.-Nr. 1989-79a-b

S. 145

Redux
Daniel Laufer (geb. 1975)
Berlin, 2014
Courtesy the artist and KM, Berlin
Multimedia-Installation:
Lantern of Prague
Papier hinter Spiegel, 70 x 70cm

Maharal's Screening
Papier hinter Glas, 70 x 70 cm

Schüfftan's Mirror I
Bearbeiteter Spiegel, Mixed Media, 160 x 40 cm

Redux
Film, 15:20 Min.

House of the Golem
Acryl auf Leinwand, 120 x 210 cm

Schüfftan's Mirror II
Bearbeiteter Spiegel, Mixed Media, 160 x 40 cm

The Wall of Josefov
Acryl auf Leinwand, 120 x 140 cm

DOPPELGÄNGER

S. 153

Golem
R. B. Kitaj (1932–2007)
1980/1981
Öl auf Leinwand, 150,5 x 52,4 cm
The Jewish Museum, New York, Gift of Esther Leah Ritz and Fine Arts Acquisitions Committee Fund, Inv.-Nr. 2007-19

S. 149

Weibliches Selbstbildnis (Der Golem)
Gert Heinrich Wollheim (1894–1974)
Deutschland, 1921
Öl auf Leinwand und Haar, 120,4 x 100,4 cm
Museum Kunstpalast, Düsseldorf, Inv.-Nr. 0.1985.11

S. 151

Golem
Shai Azoulay (geb. 1971)
Israel, 2013
Öl auf Leinwand, 169 x 178 cm
Courtesy of the artist

S. 167

Golem
Fotoserie von Joachim Seinfeld (geb. 1962)
Berlin, 2016
Handaufgetragene Silbergelatineemulsion auf Aquarellpapier, 43 x 43 cm
Courtesy of the artist

Human Version
Yves Gellie (geb. 1953)
Courtesy of the artist/galerie du jour agnès b, Paris

S. 159
Human Version 2.010
Geminoid, Pr Ishiguro/ATR
Japan, 2009
Fotografie, 120 x 96

S. 157
Human Version 2.014
Ever 3, IIT
Korea, 2009
Fotografie, 120 x 96

S. 156
Human Version 2.08
Dancing Robot, Tohoku University
Japan, 2008
Fotografie, 120 x 96

EPILOG

ohne Abbildung
The Golem's Mighty Swing
James Sturm
Drawn and Quarterly, Kanada, 2001
15,5 x 23 cm

ohne Abbildung
The Golem's Voice
David D. Klein
Now What Media, USA, 2015
22 x 28 cm

ohne Abbildung
Breath of Bones. A Tale of the Golem
Steve Niles/Matt Santoro
Dark Horse Comics, USA, 2014
21 x 31 cm

ohne Abbildung
Golem Comics
Everything Together. Collected Stories
Sammy Harkham
PictureBox, USA, 2012
25 x 8,5 cm

ohne Abbildung
Golem
Lorenzo Cecotti
Bao Publishing, Italien, 2014
26 x 18,5 cm

ohne Abbildung
Die kleine Welt des Golem
Joann Sfar
Avant Verlag, Berlin, 2006
17 x 26 cm

ohne Abbildung
Le Peuple est un Golem
Grand Vampire
Joann Sfar/Sandrina Jardel
Delcourt Verlag, Frankreich, Heft 6, 2005
17 x 26 cm

ohne Abbildung
La Nuit du Golem
Willy Harold Vassaux/Christian Piscaglia
Dargaud, Frankreich, 1987
23,5 x 32 cm

ohne Abbildung
La Vengeance du Golem Africain
Jean-Pierre Duffour
Éditions de l'An 2, Frankreich, 2005
21 x 28 cm

ohne Abbildung
Lehmriese lebt!
Anke Kuhl
Reprodukt Verlag, Berlin, 2015
18 x 25 cm

ohne Abbildung
Le Golem
Charland Cross
Michel Oleffe/Olivier Grenson
Lefrancq, Frankreich, Heft 1, 1991
22 x 29,5 cm

ohne Abbildung
Der Golem
Durch die Hölle
Laska-Comix (Elke Reinhart/Gerhard Schlegel)
Kempter Comics, Fürth, Band 1, 2006
21,5 x 29 cm

ohne Abbildung
Das Lehmmonster
U.F.F. Unternehmen Fähnlein
Silvio Peter/Olaf L. Reimann
Egmont Ehapa Verlag, Deutschland, Heft 12, 1997
13,5 x 20,5 cm

ohne Abbildung
Le Golem vous salue bien
Le Journal de Mickey
François Corteggiani/Claude Marin
Disney Hachette Presse, Frankreich, Heft 2293, 29. Mai 1996
19 x 27 cm

ohne Abbildung
The Mirror Monster!
Swamp Thing
Gerry Conway/Nestor Redondo/Joe Orlando
DC Comics, USA, Heft 4, Nr. 20, Dezember 1975 – Januar 1976
17 x 26 cm

ohne Abbildung
The Saga of the Swamp Thing
Swamp Thing
Len Wein/Berni Wrightson
DC Comics, USA, Heft 1, Nr. 2, Juni 1982
17 x 26 cm

ohne Abbildung
The Heap
Sol Brodsky/Bob Kanigher/Tom Sutton
Skywald Comics, USA, Heft 1, Nr. 1, September 1971
17 x 26 cm

ohne Abbildung
The Golem walks again!
The Invaders
Stan Lee/Roy Thomas/Frank Robbins/Frank Springer
Marvel Comics, USA, Heft 1, Nr. 13, Februar 1977
17 x 26 cm

S. 161
The Golem of Gotham
Detective Comics
Peter Milligan/Jim Aparo/Mike DeCarlo
DC Comics, USA, Heft 1, Nr. 632, Juli 1991
17 x 26 cm

ohne Abbildung
Giant-Size Man-Thing
Man Thing
Stan Lee/Steve Gerber/Mike Ploog/Roy Thomas
Marvel Comics, USA, Heft 1, Nr. 1, August 1974
17 x 26 cm

ohne Abbildung
Behold of the Golem!
Gumby
Bob Burden/Rick Geary
Wildcard Inc., USA, Nr. 2, November 2006
17 x 26 cm

ohne Abbildung
Mendy and the Golem
Leibel Estrin/Dovid Sears/Yankel Pinson
Mendy Enterprises, USA, Heft 2, Nr. 9, März 1983
17 x 26 cm

→

ohne Abbildung
Paradox
Chris Gage/Sean O'Reilly/Luis Henrique Ribeiro
Arcana Studio, Kanada, Heft 1, Nr. 1, 2005
17 x 26 cm

ohne Abbildung
Journey to the Dark Corners
Primal Force
Steven T. Seagle/Ken Hooper/Barbara Kaalberg
DC Comics, USA, 1. November 1994
17 x 26 cm

S. 129
The Golem's Final Triumph!
Ragman
Robert Kanigher/Joe Kubert
DC Comics, USA, Heft 6, März 1992
17 x 26 cm

ohne Abbildung
The Golem
Strange Tales
Stan Lee/Mike Friedrich/Tony de Zuniga/Roy Thomas
Marvel Comics, USA, Heft 1, 1974, Nr. 174, 176, 177
17 x 26 cm

ohne Abbildung
Serpent of Chaos
Suicide Squad
John Ostrander/Kim Yale/Geof Isherwood
DC Comics, USA, Heft 45, September 1990
17 x 26 cm

ohne Abbildung
The Man of Steel
Superman
Louise Jones Simonson/Jon Bogdanove/Dennis Janke
DC Comics, USA, Heft 1, Nr. 81, Juli 1998
17 x 26 cm

ohne Abbildung
Swamp Thing
Doug Wheeler/Mike Hoffman/Peter Gross
DC Comics, USA, Heft 102, 1990
17 x 26 cm

ohne Abbildung
Death Knell
The Man-Thing
Chris Claremont/Don Perlin/Jim Shooter
Marvel Comics, USA, Heft 2, Nr. 4, Mai 1980
17 x 26 cm

ohne Abbildung
Evil Corrupts the Power of
The Monolith
Jimmy Palmiotti/Justin Gray/Phil Winslade
DC Comics, USA, Heft 10, Januar 2005
17 x 26 cm

ohne Abbildung
Night of the Golden Führer
The Scorpion
Jim Craig/Gabriel Levy
Marvel Comics, USA, Heft 1, Nr. 3, Juli 1975
17 x 26 cm

ohne Abbildung
The Thing and The Golem
Marvel Two-In-One
Stan Lee/Roy Thomas/Bob Brown
Marvel Comics, USA, Heft 1, Nr. 11, September 1975
17 x 26 cm

ohne Abbildung
Digging up the Past
X-Force
Stan Lee/John Francis Moore/Anthony Williams/Mark Morales
Marvel Comics, USA, Heft 1, Nr. 96, November 1999
17 x 26 cm

ohne Abbildung
In the Shadow of the Golem!
The Incredible Hulk
Stan Lee/Roy Thomas/Herb Trimpe
Marvel Comics, USA, Heft 1, Nr. 134, Dezember 1970
25,7 x 17,4 cm

ohne Abbildung
The Golem of Prague
The Secret Adventures of Houdini
Todd Hunt/Sean Von Gorman
Alterna Comics, USA, Buch 2, Juli 2015
17 x 26 cm

ohne Abbildung
The Adventures of the Thing
The Thing
John Byrne/Joe Sinnott/Roger Stern
Marvel Comics, USA, Heft 1, Nr. 1, April 1992
17 x 26 cm

ohne Abbildung
The Sorcerer's Golem!
Dagar the Invincible
Don Glut/Jesse Santos
Western Publishing Company, USA, Heft 13, 1975
17 x 26 cm

ohne Abbildung
Der Golem ist wieder los
Mosaik – Dig und Dag
Hannes Hegen
Verlag Junge Welt, Berlin, Heft 78, Mai 1963
16 x 25 cm

ohne Abbildung
Golem im Emmental
Benedikt Eppenberger/Gregor Gilg/Barbara Schrag
Edition Moderne – Verlag für Graphic Novels und Comics, Zürich, 2016
17 x 24 cm

ohne Abbildung
Minecraft
Interaktive Station
Programmierer: Markus "Notch" Persson (geb. 1979)
Hersteller: Mojang
Schweden, 2011

S. 165
Golem-Inszenierung der Gruppe 1927
Buch und Regie: Suzanne Andrade
Film, Animation und Design: Paul Barritt
Produzentin: Jo Crowley
London, 2014

Stand: 12. August 2016

Bild- und Textnachweise

BILDNACHWEISE

Soweit nicht anders angegeben, liegen alle Bildrechte bei den Leihgebern sowie bei

© Courtesy of Andorran National Commission for UNESCO, S. 117

© Courtesy of Joshua Abarbanel, S. 45

© Courtesy of Lynne Avadenka, S. 51

© Courtesy of Shai Azoulay, S. 151

© Courtesy of Michael David, Foto: Mike Jensen, S. 77, 127

From: "Detective Comics" #632 © DC Comics, S. 161

© Fostin Cotchen collection, Jewish Museum in Prague, S. 85

© Frankfurter Allgemeine Zeitung, S. 27

© Grace Gelder, www.gracegelder.co.uk, S. 125

© Gerlovina, Berghash, Gerlovin, 1987 | The Jewish Museum, New York, S. 49

© Courtesy of Jorge Gil, S. 75

© Foto: Marcus Leith, Courtesy of greengassi, London, S. 79

© Hirshhorn Museum and Sculpture Garden, Smithsonian Institution, Gift of the Estate of the Artist, 2000, Foto: Cathy Carver, S. 57

© The Israel Museum, Jerusalem, Foto: Oded Löbl, S. 67

© The Jewish Museum, New York, Foto: Moidele Bickel, S. 135

© The Jewish Museum, New York, Foto: Kris Graves Projects, S. 143

© Jüdisches Museum Berlin, Foto: Stefanie Haupt, S. 35, 39, 161

© Jüdisches Museum Berlin, Foto: Hermann Kiessling, S. 133

© Jüdisches Museum Berlin, Foto: Jens Ziehe, Cover, S. 17, 89, 163

© Courtesy of Tobi Kahn, S. 71, 73

© KHM Museumsverband, S. 97

© Courtesy of Krištof Kintera, S. 15

© R.B. Kitaj Estate, S. 153

© Francisco Kochen, S. 91

© Michael Kowalczyk, www.michaelkowalczyk.eu, S. 29

© Kudos Film and Television Limited, S. 37

© Courtesy of Daniel Laufer and KM, Berlin, S. 145

© Malenki Theater, Foto: Mark Tso, S. 137

© Courtesy of Mira Maylor, S. 63

© Bernhard Mueller, S. 165

© Museum Kunstpalast – ARTOTHEK, S. 149

© (2016) The Museum of Modern Art, New York/Scala, Florence, S. 112

© National Film Archive, Prag, S. 131

© Michael Neel, via Flickr.com, www.creativecommons.org/licenses/by/2.0, S. 33

© Courtesy of Mark Podwal, S. 93, 94, 95

© PAL Robotics, S. 19

© Courtesy of Joachim Seinfeld, Foto: Jewish Museum in Prague, S. 167

© Courtesy of Charles Simonds, S. 65

THE SIMPSONS © 2006 Twentieth Century Fox Television. All rights reserved, S. 119

Universal, Film4 and DNA Films - 2014, S. 31

© Sharon VanderKaay, via Flickr.com, www.creativecommons.org/licenses/by/2.0, S. 139

TEXTNACHWEISE:

Tim Adams
Golem, the clay man with a message to subvert our Christmas tech-fest
© www.theguardian.com, 21. Dezember 2014

Isaac Asimov
Ich, der Roboter, S. 7
aus dem Englischen von Otto Schrag
© 2016, Wilhelm Heyne Verlag, München

Jorge Luis Borges
Der Golem
entnommen aus:
Gesammelte Werke in zwölf Bänden. Band 8: Der Gedichte zweiter Teil aus dem Spanischen von Gisbert Haefs
© 2007, Carl Hanser Verlag GmbH & Co. KG, München

Die Schrift. Zu verdeutschen unternommen von Martin Buber und Franz Rosenzweig, Bd. 14: Schriftwerke, Das Buch der Preisungen, Leipzig 1935, S. 260, verdeutscht von Martin Buber

Ivan Cohen
The Rules of Walking and Talking Like a Robot, According to *Humans*, www.vulture.com, 7. Juli 2015

Anselm Kiefer
aus: Die Ungeborenen
© 2012 Galerie Thaddaeus Ropac, Paris

Lothar Müller
Das Gehirn des Golem. Interview mit David Gelernter, Süddeutsche Zeitung, 25. März 2016

Robert Pinsky
Die Roboter (The Robots)
aus: At the Foundling Hospital
© 2016 Farrar, Straus and Giroux, mit freundlicher Genehmigung des Autors

Abraham Reisen
An den Golem (zum gojlem)
aus: Di Lider. New York 1951, S. 244, mit freundlicher Genehmigung des Übersetzers

Isaac B. Singer
Der Golem. Eine Legende.
Copyright der deutschen Ausgabe 1988: Isaac B. Singer. Übersetzt von Gertrud Baruch. Freundlicher Weise zur Verfügung gestellt von dem Zamir Revocable Trust und der Susan Schulman Literary Agency

Paul Wegener
Drehbuch für Der Golem
Berlin, 1914
Typoskript zur Verfügung gestellt durch die Stiftung Stadtmuseum, Berlin

Impressum Ausstellung

GOLEM
23. September 2016 bis
29. Januar 2017
Stiftung Jüdisches Museum Berlin

Direktor
Prof. Dr. Peter Schäfer

Programmdirektorin
Cilly Kugelmann

Geschäftsführender Direktor
Martin Michaelis

Leiter Wechselausstellungen
Gregor H. Lersch

Kuratorinnen
Emily D. Bilski
Martina Lüdicke

Kuratorische Assistenz
Anna-Carolin Augustin

Beratung
Dr. Felicitas Heimann-Jelinek
Ole Frahm

Copyrights und Assistenz
Klaus H. Teuschler

Recherchen und Projektdatenbank
Anina Falasca

Übersetzung
Allison Brown
Dr. Kate Sturge

Sammlungsmanagement
Gisela Märtz
Anna-Maria Gogonjan
Anna Golus
Barbara Heinrich
Petra Hertwig
Katrin Strube

Konservatorische Betreuung
Barbara Decker
Stefan Lohrengel
Androniki Paliompei
Alicija Steczek

Mitarbeit Aufbau
Valentin Wölflmaier

Ausstellungsbetreuung
Leitwerk, Berlin

Transporte
Crown Fine Art, Raunheim

Ausstellungsgestaltung
chezweitz GmbH, Berlin
Dr. Sonja Beeck und Detlef Weitz mit
Julia Volkmar (Art Direktion)
Ines Linder (Projektleitung)
Hans Hagemeister (Architektur)
Morten Ohlsen (Architektur)
Sandra Weber (Ausstellungsgrafik)

Ausstellungsbau
Bel-Tec, Berlin

Ausstellungslicht
Paul Göschel, Dresden

Medieninstallation
GATE Veranstaltungstechnik, Berlin

Produktion Ausstellungsgrafik
PPS. Imaging, Dresden

Objekteinrichtung
Fißler & Kollegen, Halsbrücke/Leipzig

Malerarbeiten
Stordeur & Rankewitz, Berlin

Werbekampagne und Trailer
Cee Cee Creative
(Jessica David, Chloë Galea, Sven Hausherr, Ali Naddafi, Nina Trippel)

Online-Feature
Anna-Carolin Augustin
Mirjam Bitter
Mariette Franz

Das Ausstellungsteam dankt den Mitarbeitern und Kollegen des Jüdischen Museums Berlin
Yvonne Niehues, Signe Rossbach, Gesa Struve (Begleitprogramm)
Christiane Birkert, Alexa Kürth (Besucherforschung)
Dr. Bernhard Jensen, Ulrike Sonnemann, Ernst Wittmann (Bibliothek)
Nina Wilkens (Bildungsprogramme)
Dr. Gerhard Stahr (Verträge)
Sascha Brejora, Hartmut Götze, Roman Labunski (Vergaben)
Grit Schleheider, Andreas Harm, Christiane Brauer, Odette Bütow, Mirela Grbavac, Pola van den Hövel, Katja Schwarzer, Stefan Rosin (Finanzen)
Dr. Iris Blochel-Dittrich (Datenbankmanagement)
Jürgen Thuns, Anja Jauert, Kathleen Köhler, Malte Starostik (EDV)
Stefanie Haupt, Svenja Kutscher, Valeska Wolfgram (Fotomanagement)
Gesine Tyradellis, Zineb Ayyadi, Judith Westphal (Marketing)
Katharina Schmidt-Narischkin, Daniela Lange, Nikola Müller (Presse- und Öffentlichkeitsarbeit)
Barbara Thiele, Dr. Mirjam Bitter, Mariette Franz, Dr. Doreen Tesche (Digital & Publishing)
Dr. Tamar Lewinsky, Dr. Haim Mahlev, Dr. Lucia Raspe (Neue Dauerausstellung)
Anja Butzek, Johanna Brandt, Kristin Just, Berrit Pöppelmeier (Development)
Jochen Mindak, Felix Blank, Mirko Dalsch, Manuela Konzack, Christine Sliwinski (Gebäudemanagement)

Medienpartner

Wall
arte
monopol
MAGAZIN FÜR KUNST UND LEBEN
zitty BERLIN
YORCK KINOGRUPPE
WIRED

Impressum Buch

Diese Publikation erscheint anlässlich der Ausstellung GOLEM
23. September 2016 bis 29. Januar 2017

Herausgeberinnen
Emily D. Bilski und Martina Lüdicke im Auftrag des Jüdischen Museums Berlin

Redaktion
Anna-Carolin Augustin
Emily D. Bilski
Martina Lüdicke

Lektorat und Koordination
Christine Marth
Marie Naumann
Nina Breher (Assistenz)
Sonja Eichstädt (Praktikantin)

Bildbeschaffung und Rechteklärung
Nina Breher
Stefanie Haupt
Klaus H. Teuschler
Valeska Wolfgram

Übersetzung
Gertrud Baruch (S. 166)
Michael Ebmeyer (S. 16, 20, 28, 32, 36, 42, 44, 48, 52, 56, 64, 72, 76, 78, 80, 90, 106, 116, 126, 130, 132, 136, 144, 148, 150, 152, 158, 160, 164)
Armin Eidherr (S. 140)
Gisbert Haefs (S. 84)
Dr. Tamar Lewinsky (S. 142)
Dr. Haim Mahlev (S. 46)
Valerie Schneider (S. 68)
Otto Schrag (S. 78)
Stefan Siebers (S. 138)
Michael Stavarič (S. 122)
Matthias Strobel (S. 74)

Gestaltung
Cee Cee Creative
Creative Direction: Sven Hausherr
Art Direction: Jessica David
Design: Ira Bolsinger
Koordination: Nina Trippel

Projektmanagement, Kerber Verlag
Martina Kupiak

Schrift
Stanley von Ludovic Balland
Tilde von Armin Brenner, Markus John

Gefördert durch die Beauftragte der Bundesregierung für Kultur und Medien.

Die Deutsche Nationalbibliothek verzeichnet diese Publikation in der Deutschen Nationalbibliografie; detaillierte bibliografische Daten sind im Internet über http://dnb.dnb.de abrufbar.

Gesamtherstellung und Vertrieb
Kerber Verlag, Bielefeld
Windelsbleicher Str. 166–170
33659 Bielefeld
Germany
Tel. +49 (0) 5 21/9 50 08-10
Fax +49 (0) 5 21/9 50 08-88
info@kerberverlag.com

Kerber, US Distribution
D.A.P., Distributed Art Publishers, Inc.
155 Sixth Avenue, 2nd Floor
New York, NY 10013
Tel. +1 (212) 627-1999
Fax +1 (212) 627-9484

Kerber-Publikationen werden weltweit in führenden Buchhandlungen und Museumsshops angeboten (Vertrieb in Europa, Asien, Nord- und Südamerika).

Alle Rechte, insbesondere das Recht auf Vervielfältigung und Verbreitung sowie Übersetzung, vorbehalten. Kein Teil dieses Werkes darf in irgendeiner Form ohne schriftliche Genehmigung des Verlages reproduziert oder unter Verwendung elektronischer Systeme verarbeitet, vervielfältigt oder verbreitet werden.

© 2016 Stiftung Jüdisches Museum Berlin, Kerber Verlag, Bielefeld/Berlin, Künstler*innen und Autor*innen

978-3-7356-0277-0
www.kerberverlag.com

Printed in Germany